KB216812

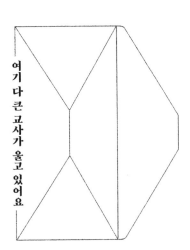

여기 다 큰 교사가 울고 있어요

일러두기

—

* 책에서 언급한 이야기는 다수의 에피소드를 모아 수정, 편집한 것으로 특정 인과 특정 학교, 특정 장소에 대한 묘사가 아님을 밝힙니다.

여기 다 큰 교사가 울고 있어요

선생님이 된 제자에게
보내는 편지

홍지이 지음

다반

친애하는 나의 어린 친구에게

이 글을 써야겠다고 생각하기 시작했을 때, 처음으로 헤아려 봤어. 우리가 알고 지낸 지 어느덧 10년이 훌쩍 넘었더라. 너와의 인연에 대해 이야기하면 대부분의 사람들은 우선은 놀라워해. 사람들은 익숙하지 않은 것을 보거나 들으면, 긴팔을 입어야 할지 반팔을 입어야 할지 짐작하기 어려운 간절기의 옷장 앞에서 서성일 때의 표정을 짓더라.

너는 처음엔 나의 제자였어.

교육에 진심이었던 선후배 교사, 함께 성장하는 즐거움을 일깨워 준 학생들, 고된 만큼 보람을 돌려주던 업무, 긴 역사가 구석구석 쌓여 있는 정감 어린 교정까지. 출퇴근 거리 딱 하나 빼고 모든 게 마음에 쏙 들던 첫 학교를 등지고, 새로운 도전을 위해 온 학교에서 만난. 부임했던 첫해에는 우리의 인연이 닿지 않았잖아. 전 학교에서는 설령 작은 실수를 해도 성장을 향한 시행착오가 될 수 있도록 경험과 지혜로 넉넉히 품어 주시던 선배들이 계셨는데, 너와 나의 학교는 내 또래의 기간제 교사들이 20명가량이 함께 임용된 것만 봐도 혼란과 변화의 시절을 겪는 중인 듯했어. 뭔가 다들 얼굴 표정은 웃는데 아무도 소리 내서 웃지 않는 거야. 조심스러운 만큼 일도, 인간관계도 확신이 안 섰어. 고민을 감추고 숨겨야 할지, 실력을 뽐내고 드러내야 할지, 아니면 그 반대일지.

첫해는 그야말로 사력을 다 했던 것 같아. 길지 않은 경력을 가진 20대의 햇병아리 교사라는 본모습을 감추기 위해. 너 역시 같은 단발머리여도 어딘가 어설픈 뒷덜미를 숨길 수 없는 중학생 티를 갓 벗어난 고등학교 신입생이었잖아. 난 과목과 업무 특성상 2~3학년 아이들과 주로 만났는데 그럼에도 네가 포함된 1학년 아이들에게 짙은 동질감을 느꼈어. 나 역시 그해엔 이 학교에서는 신입생이었으니까. 비대칭으로 이루어진 데다 여러 학교가 함께 사용하는 건물에서 목적지를 찾지 못하고 두리번거릴 때마다, 무언갈 찾고 있음을 누구에게도 들키고 싶지 않았어. 그때의 난 차마 '모른다'라고 말할 수 있는 용기를 낼 수 없었던 교사였던 것 같아.

조금씩 너를 알게 되었어. 점심시간에 동료 교사가 자신의 반에서 있었던 에피소드를 이야기할 때. 선배 교사가 수업 중에 있었던 일화를 들려줄 때. 나의 동아리 학생을 상담하다가 친한 친구에 대해 말할 때. 그런 학생이 있구나, 그런 사람이 있구나. 1년 동안 수업, 학년부와 교과별 행사, 방과 후 프로그램 등으로 마주하는 학생들 중 눈에 들어오는 아이들이 있곤 해. 빛나는 재능과 통찰력으로 눈길이 가는 아이도 있지만 넌 다른 의미로 기억에 남았어. 때론 예의와 불손함의 사이를 투박하게 넘나드는 것이 사제간 친밀함의 표현이라 여기던 학생들과 달랐던 것 같아. 늘 수줍고 조용하게 다가와 곁을 맴돌았지만, 상대의 눈만큼은 꼭 바르고 정직하게 바라보려 애쓰던 너.

나는 더 이상 학교에서 길을 잃지 않게 된 2년 차 교사, 너는 원래 단발머리에 교복을 입고 태어난 것처럼 고등학생이 능숙해 보이는 2학년 언니가 되었던 그해. 내가 운영하던 동아리에 네가 입부하며 우리 삶이 더 예쁘게 포개지게 되었어. 먼 곳에서 작게 웅얼거렸던 너의 꿈과 고민의 목소리에 온전히 귀 기울일 수 있게 되었고, 마침 합이 잘 맞는 학생들과 서로 자극을 주고받으며 성장하는 중이던 나는 열정이 마르지 않는 건강한 교사가 가는 길을 찾은 것 같았지. 사람들은 3학년이 된 네가 나와 같은 전공학과를 희망하고 내가 걸어온 길을 따라 걷게 된 걸 보며, "선생님에게 많은 영향을 받았나 봐요"라고 얘기했지만 내 생각은 달랐지. 존중을 가득 담아 너에게 얘기한 적도 있었어.

"그 나이 때의 과거의 나보다 지금의 네가 더 훌륭해. 넌 분명 좋은 교사가 될 거야."

같은 전공을 선택해 진학한 너는 멋진 대학 생활을 보냈어. 대학생이 된 너와 모의해 꾸렸던 즐거운 교육 활동도 특별했지. 그렇게 몇 해가 가며 바라본 너는 교사가 되는 길을 걷고 있더구나. 졸업을 앞둔 넌 이런저런 방황과 시행착오 끝에 교사가 되었어. 나는 새로운 꿈을 향하기 위해 교사를 그만두고 학교를 나왔지. 바통 터치를 하듯 엇갈린 너와 나.

애제자에게, 같은 전공을 공부하는 학우에게, 교단에 선 동료 교사에게,

아니, 그 무엇보다 친구라는 이름이 어색하지 않게 되어 버린 너에게,

흘려보냈던 우리의 이야기를 한데 모아 차곡차곡 정리해 보려 해. 너에게도 나에게도 특별한 우리의 인연이 단정한 문장이 되고 한 편의 글이 되어 가는 과정이, 각자의 마음에 만들어진 수많은 나이테처럼 자연스럽기를 바라.

자, 그럼 시작할게.

친애하는 나의 어린 친구야.

차례

3   풍경이란 서 있는 곳마다 다르게 보이기 마련이지요

4   우리가 모은 마음이 여기에

5 다시 교문 앞에 서면

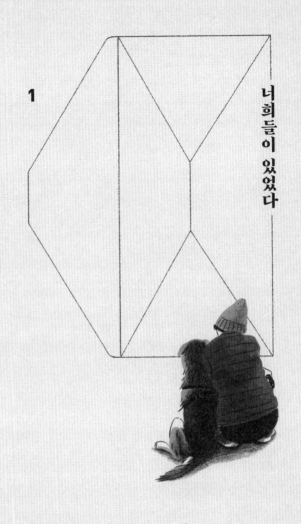

1

너
희
들
이

있
었
다

01   민들레 홀씨를 불면

첫 편지를 쓰고 있는 지금은 2월의 마지막 날이야. 공교롭게도 새 학기 시작 전날이구나. 긴장감과 설렘이 교차하는 이상한 기분을 가득 안은 채 보내곤 했어. 사실 난 누구보다 3월을 미워해. 누군가 내게 제일 돌아가고 싶지 않은 인생의 한 순간을 묻는다면, 어느 해인지는 관계없고 무조건 교사로서 3월 첫 평일의 학교, 새 학기 아이들 앞에 섰을 때라고 할 거야. 환대와 긴장의 선율이 만들어 내는 오묘한 불협화음에 맞춰, 춤을 춰야 하는 무희가 된 것 같았거든. 아냐. 무희보다는 칼춤 추다 펄쩍 뛰어 작두에 올라탄 무당의 처지와 더 어울린달까. 동양인의 자연 순응적인 삶의 태도 덕에 우리나라 학교의 새 학기는 만물이 소생하는 봄에 시작한다는 설을 주장한 책도 있다는데. 봄을 더 소중히 아껴 뒀어야 했던 것 같다. 학교에서 근무하며 3월 때문에 사랑해 마지않던 봄마저 미워질 지경이었거든.

중견 교사가 되어서도 3월 울렁증은 쉬이 사그라들지 않더라. 학생 수가 많았던 시절엔 한 해 입학생이 300명이 넘을 때도 있었어. 거기에 새로 부임하는 교사들까지 하면 한 달 내내 낯선 얼굴이 복도 이곳저곳을 둥실둥실 떠다녀. 배시시 웃으며 최선을 다해 밝게 인사를 나눴지만, 낯을 많이 가리는 나의 속마음은 순간순간 어려운 기술을 시도하는 곡예사의 기분이었지. 1년을 주기로 매번 바뀌는 역할과 위치와도 낯을 가렸어. 간과한 사실인데 곰곰 생각해 보니 교사는 하루 아침에 꽤 많은 낯선 사람을 만나야 하는 직업이더구나.

새봄 새 학기를 맞이한 교사들에게는 저마다의 리추얼이 있어. 3월 한 달간은 꼭 말끔한 정장을 입고 출근하는 동료가 있었어. 학급과 수업 시간에 만나는 아이들에게 기합을 전달하는 의미에서라더라. 난 아이들에게 호락호락하지 않은 교사로 보이려 일부러 머리나 옷 전부 원래 나이보다 성숙한 스타일링을 하기도 했어. 이 시기에는 사소한 것도 관계의 단추를 어긋나게 하거든. 하지만 3월 말 즈음엔 하나둘 나타나. "샘, 아무래도 나 올해는 망한 것 같아"라는 볼멘소리를 하는 교사들이 말이야. 꾸준히 하던 운동이나 각종 레슨을 2주, 길게는 1달간 홀딩해 놓는 교사도 많아. 3월엔 교내외에 행사도 많고 갑작스러운 야근도 많거든. 퇴근 이후의 시간을 계획하고 약속하기가 힘들어. 나 역시 3월엔 평일은 당연하고, 주말에도 약속을 쉬이 잡지 않았어. 주말엔 집에서 뒹굴뒹굴하며 보내야 겨우 한 주를 버틸 수 있겠더라고.

난 3월에 아프지도 못했어. 너무 놀라면 '찍소리도 못한다'라는 말 있잖아. 앓는 소리 한 번 못 내고 있다가 3월이 지나가면 기다렸다는 듯 온몸에서 주는 신호를 그제야 눈치채. 이건 예민하다 해야 할지 둔하다 해야 할지. 어느 해에는 4월 1일 아침에 일어났는데 갑자기 목소리가 안 나오는 거야. 목이 너무 아파서. 아픈데도 어이가 없더라. 거짓말 같지? 아니야. 못 믿겠으면 잔인한 3월에게 물어

보렴.

　다른 날은 어떻게 지나갔는지도 모르겠어. 오직 2일
과 31일만 있는 것 같던 3월은, 정말 휙 하고 사라져. 하
루는 지겹게 안 가는데 한 달은 빨리 가는 새 학기의 모
순. 그렇게 폭풍의 3월을 보내고 4월이 되면 점점 아이들
하나하나의 얼굴이 눈에 들어오기 시작해. 이미 소소한 사
건을 만들어 개별 면담을 했거나, 강렬한 존재감을 드러내
는 학생들도 있지만, 대체로 아이들은 4월이 되며 자신을
보여 주는 것 같아. 운동장에 햇살이 머무는 시간도 점차
길어지고, 낮 기온이 오르며 점심을 먹고 나면 노곤해지는
시기. 아이들도 고개를 들어 햇살을 정면으로 바라보기 시
작하나 봐. 내 눈에도 서서히, 그리고 선명히 들어와. 저마
다 모두 다른 아이들의 얼굴과 표정이.

　교사들 사이에는 3년 차 징크스라는 말이 돌곤 해. 3
년 차, 6년 차, 9년 차, 12년 차. 이렇게 3년 주기로 번아
웃이 강하게 온다는 거야. 그해 나도 3년 차였나 봐. 여느
때처럼 3월을 딛고 일어나 4월을 마주하는데 유난히 벅차

고 힘들더라고.

'아무래도 난 좋은 교사가 아닌 것 같아.'

일하다 보면 종종 하는 저 생각. 그해의 내가 그 질퍽
한 늪에 '야호' 하며 푹 빠졌어. 아이들에게 한마디 할 때
마다 속으로는 '이거 맞아?'를 되물으며 짙은 자기 의심에
돌입하고, 생활 지도를 하거나 학습에 개입하는 타이밍도
리듬감을 잃고 우스꽝스러운 스텝을 밟게 되었어. 친한 동
료들에게는 슬쩍 말했지만, 아이들 앞에서는 티내지 않으
려 노력했지. 그렇게 꾸역꾸역 버텨 내던 어느 날.

"샘, 샘 드리려고 가져왔어요."
"이게 뭐야?"
"민들레 홀씨에요. 밖에 많은데, 샘 바쁘셔서 오늘 건물
바깥으로 나가지도 못하셨죠?"
"아…"
"저기 창문에서 호~ 하고 불어 보세요. 기분이 좋아지실
거예요. 힘내세요. 샘!"

당시 나는 별관 3층의 특별실에서 근무하고 있었거든. 여기까지 민들레 홀씨를 고이 가져오려고 급식실에 준비된 종이컵으로 홀씨를 덮어서 들고 왔더라고. 마침 다음 수업시간을 알리는 예비종이 울렸고, 아이들은 바람을 탄 민들레 홀씨처럼 바삐 교실로 갔어. 내 손에 있는 통통하고 포실포실한 하얀 민들레 홀씨. 마침 공강이어서 다행이었어. 홀린 듯 창문으로 걸어간 뒤 열린 창문 밖으로 홀씨를 호~ 하고 불었어. 가볍고 경쾌하게 흩어지는 홀씨들. 잠깐, 나 이렇게 민들레 홀씨를 불어 본 게 언제였더라.

민들레 홀씨를 불었던 때만큼 잊었던 게 있더라. 나 정말 엄청나게 멋진 일을 하고 있는 거란 사실. 어른이 된 누군가 내게 저렇게 했으면, '뭐래?' 하고 별 반응하지 않았을 거야. 사실 그렇게 하는 사람도 없을 가능성이 높고. 아이들은 다르잖아. 종종 투박하고 거칠어도 몸 쪽으로 꽉 찬 돌직구를 저리도 해맑게 던져. 어떤 직업도 이런 소중한 마음을 순간순간 나눠 갖기는 힘들 거야. 인과관계, 상관관계는 중요하지 않고 다만 조금 지쳐 보이는 너에게 내 위로를 보낸다는 세상 무엇보다 투명한 마음. 그때의 그 아이들의 솔직함이 너무 눈부셔 보였어.

민들레 홀씨를 불었던 때처럼 아이들은 때때로 동화 같은 순간을 만들어 줬어. 마음에 스며드는 온기 덕에 체온이 1도씩 올라가며 꽁꽁 언 고민 주머니가 스르륵 풀렸던 순간이 많았단다. 그 순간들을 모두 이어 붙이면, 교사를 그만둔 지금까지도 지친 어느 날 다시 반짝하고 살아나게 하는 엄청난 힘이 되곤 해.

어쩌면 그 순간을 그리며 교사가 되길 꿈꿨던 것도 같아, 난. 너에게도 그런 순간이 있니? 언젠가 듣고 싶다. 너의 이야기도.

02   제 이름을 불러 주셔서 감사합니다

난 살면서 기억력이 좋은 편이라는 말을 들은 적이 별로 없었어. 그런데 학교에 와서 아이들에게 "샘, 기억력 좋으시다!"라는 말을 많이 듣게 돼서 의아했지. 알고 지낸지 몇 번 만에 "하늘아"라고 이름을 불러 주면, 학생들 중열에 아홉은 "샘~ 제 이름 어떻게 아세요?"라고 말해. 그때 숨김없이 동그래지는 눈을 보고 싶어서 그랬던 걸까. 억지로 외우려고 들여다보고 읊조린 건 아닌데 아이들 이름은 그냥 툭 튀어나올 때가 많았어. 머리가 아니라 마음에 콕 박혀서 그런가.

아이들의 이름을 잘 외우는 신기한 선생님. 연차가 쌓일수록 나름 지키고 싶은 이미지가 되었어. 지금은 사라졌다고 하던데 예전에는 늘 연말 즈음에 동료와 학부모, 학생이 작성하는 교원평가라는 게 있었거든. 나 운전 좀 잘하는 것 같아서 어깨에 힘 들어간 초보 운전자에게 워워~ 자중하라며 어김없이 날아오는 행운의 편지, 교통질서 위반 범칙금 통지서처럼 말이야. 나의 수업, 생활지도 등을 5점 만점으로 환산해 평가받는 건 아무렇지 않았어. 평가의 목적은 더 나아지는 방법을 찾기 위한 실마리를 얻기 위함이니까. 그래서 평가 결과에 일희일비하지 않으려 마음을 다스리기도 했어. 솔직히 5점 만점으로 환산되는 객관식의 결과값에서 4.1점과 3.9점, 0.2점이 나타내고자 하는 차이가 뭔지 잘 모르겠더라고. 그걸 들여다보고 앞으로 교사로서 뭘 더 하고 하지 말아야 할지 판단이 안 서기도 했고. 비록 숫자는 잘 몰라도 독해력은 나쁘지 않은 편이니까 학생들이 남긴 나에 대한 서술형 답변은 늘 꼼꼼히 읽었어. 객관식 문항과 달리 서술형 답변에 답을 남기는 건 필수가 아니라 평가자의 선택사항이라, 그냥 넘기지 않고 몇 자 적는 정성이라면 분명 하고 싶은 이야기가 있는 아이들이 남긴 흔적일 거라 생각했거든.

'제 이름을 불러 주셔서 감사합니다.'

매해 아이들이 작성한 서술형 답변 칸에 쓰여 있던 단골 답변이었어. 이름을 불렀을 때 깊은 그릇에 담긴 물처럼 맑고 동그래졌던 두 눈. 그 안에 담겨 찰랑이던 마음들. 연말이 되어서야 알게 되곤 했지. 서른 해 넘게 살다 보니 어떤 이에게 온 편지는 잘 도착하기만 한다면 몇 년이 지나 전해져도 상관없기도 하더라. 흔들리는 정체성의 바다 끄트머리에서 외로이 떠 있는 작은 배 같던 너희들의 이름을 불러 주고 싶었어. 이윽고 이름을 불린 너희가 날 돌아볼 때 전해 오는 떨림에 내 마음도 슬쩍 태워 함께 흔들려 보기도 하고.

이름에도 유행이 있는 게 맞지? 해마다 비슷한 이름의 학생들이 졸업하고 또 입학하더라고. 그중에 내게 한번 각인된 이름의 주인은 해가 지나도 이름만의 고유한 느낌을 남기더라. 학교를 나온 지금도 그 이름을 마주하면 어떤 아이의 얼굴이 불쑥 떠올라 혼자 웃어.

은영, 수정, 예인, 진희, 지예, 혜진, 희원, 세희, 승현, 규리,
지은, 인영, 주연, 정은, 지원, 현경, 나래, 민경, 민아, 승민,
혜린, 지수, 수혜, 채원, 예진, 현주, 소현, 유진, 선민, 혜정,
수빈들아.

어디에서 무엇을 하고 있든 늘 행복하길 바란다.

03   내 낡은 기억에서 너의 미래를 봤어

학교 축제를 좋아하니? 난 아이들만큼이나 좋아했어. 너희들의 새로운 모습도 볼 수 있고, 평소의 질서와 다르게 자유로운 교정의 달라진 얼굴도 좋고 말이야. 네가 동아리의 주축이 되어 축제를 준비했던 해가 생각나. 오래돼서 그런지 무슨 프로그램을 어떻게 준비했었는지는 자세히 떠오르지는 않아. 다만 기억나는 거라곤 축제 전날 이제 제발 집에 좀 가자고 애원하던 나, 갈 생각은 전혀 없고 그저 까르르거리며 웃을 때마다 신나게 들썩이던 너희들의 어깨, 그리고 산더미의 딸기.

딸기 하니까 기억의 조각이 맞춰진다. 너희는 부스를 찾아온 아이들에게 단계별 미션과 퀴즈 같은 걸 내서 맞추거나 틀리는 결과에 따라 재료를 선택하게 하고, 마지막에 그걸 다 섞어서 칵테일을 주는 프로그램을 기획했다고 했어. 넓지도 않은 교실에 부지런히 책상과 의자, 박스를 쌓아 구역을 나누더니, 미션을 하는 곳을 곳곳에 만들었지. 코너 곳곳엔 훗날 칵테일이 될 각종 음료와 냉동 과일, 시럽들이 잔뜩 굴러다녔고.

그 와중에 딸기가 너무 많더라고. 주문을 잘못해서 많이 사게 되었다 했던가. 축제 전날, 축제 당일 내내 교실엔 달큰한 과일향이 가득했어. 하기로 했던 거 맞나 싶었지만, 왜인지 한 귀퉁이에서는 어디선가 조달해 온 솜사탕 기계도 달달거리며 돌고 있었고. 딸기와 시럽들도 모자라 설탕 가루와 한때 설탕이었던 솜사탕 덩이들까지. 교내의 개미와 바선생을 필두로 벌레들의 정모는 당분간 우리 교실에서 이루어지겠구나 싶었지.

아이고. 종이컵을 한쪽에 미리 세팅해 놓으면 대기줄이 좀 줄어들 텐데. 집게보다 비닐장갑을 사용해서 냉동 과일을 옮기면 바닥에 덜 흘릴 텐데. 키친타월 말고 물티

슈로 닦으면 끈적이지 않을 텐데. 살림을 좀 해본 아줌마의 입장에서 좀 더 효율적인 그림을 대번에 그렸지만, 그대로 두었어. 치울 때 고생 좀 해봐라. 그럼 다음 해에는 딸기도, 시럽도, 설탕도 사달라고 안 하겠지 싶어서. 어설픈 너희에 비해 학생 누군가 낑낑거리며 가져왔을 대형 아이스박스의 성능은 너무 좋더라. 냉동 딸기가 암석처럼 커다란 덩어리로 한데 얼어 있는 채 어찌나 오래가던지. 한 녀석이 "이렇게 하면 더 빨리 녹아!"라 소리치며 암석화된 냉동 딸기를 봉투째 들어 교복 니트 조끼와 블라우스 사이에 넣었지. "아 차가워! <u>으흐흐흐.</u>" 바보 같은 웃음소리와 과장된 행동. 역시 너희에게 어울리는 그 방식이 더 좋더라.

축제는 학생들이 주인공인 날이잖아. 동료 교사들과 학교를 돌아다니며 학생들이 만든 부스를 구경하고, 사진도 찍어 주며 아이들을 살폈어. 우리 교실도 그렇지만, 다들 최선을 다해 따분한 사각형의 교실을 알록달록 예쁘게도 꾸며 놨더구나. 공포 체험 부스를 만든 아이들은 모든 창문에 신문지를 붙여 암실을 만드는 정성을 보였고, 미로

체험 부스를 만든 아이들은 박스를 거의 천장까지 쌓아 올려 꼼꼼한 미로길을 만들었더라고.

강당에 모여 공연과 행사, 장기자랑까지 마치고서야 축제가 마무리되었어. 재밌는 순간은 다 지나갔고, 이제 너희에게 남은 건 지루한 뒷정리와 청소였지. 내일부터 다시 수업을 할 수 있는 공간으로 제대로 되돌려 놓아야 함을 공지하고, 준비할 때처럼 역할과 방법은 너희끼리 자율적으로 해보도록 그냥 둬봤어. 너무 안 된다 싶으면 개입해야겠다 마음먹고 잠시 자리를 비웠지.

얼마 뒤 가보니 책상과 의자 배열을 맞추고 있는 걸 보니 정리가 얼추 마무리된 것 같더라. 그런데 축제 내내 존재감을 뽐내던 딸기가 역시나 마지막까지 질기게 머물고 있더라고. 바닥에 떨어진 딸기를 밟고 다녀서 교실 곳곳에 끈적끈적한 흔적을 남겨 둔 거야. 딸기 자국이 심하게 남은 바닥에 두어 명이 웅크리고 앉아 바닥을 닦고 있었어. 그중 하나가 너였지. 바닥에 붙은 딸기를 맨손으로 떼며 축제 전날처럼 신나게 까르르거리고 있었어. 축제 준비를 할 때 나서서 재밌는 역할을 도맡아 하던 아이들은 다 어디로 사라져 있고.

"그거 그렇게 맨손으로 하지 마."
"아니에요. 괜찮아요. 샘! 제 손에서 딸기 냄새 엄청나요! 크크크크."

사실 축제 준비를 할 때는 잘 드러나지 않는 일, 반복해야 하는 일 주변에 오래 머무르는 널 유심히 봤었어. 선생님들은 임장을 할 때면 대충 돌아다니는 것 같지만, 누가 무얼 하고 있으며 협력이 잘 이루어지고 있는지 살펴. 안전을 위한 사항도 면밀히 다 보는 게 의무이자 역할이거든. 정리를 하는 시간에 네가 가장 돋보이더라. 늘 묵묵히, 그리고 조용히 할 일을 하는 사람.

'착한 사람 착한 사람이 무슨 소용 있나요?'

델리스파이스의 노래 〈나도 어른이거든요〉를 들으면 저 가사에서 멈칫하곤 해. 교사가 된 너는, 학창 시절 다들 슬슬 피했을 궂은일도 해맑게 웃으며 해내던 그때의 모습 그대로 같더라. 가까이에서 지켜봐 온 나로서는, 네가 직장에서 좀 더 눈에 띄는 일을 더 적극적으로 해주면 좋겠다는 욕심이 생겼어. 그러다 문득, 우리가 함께 보냈던 그해 딸기 축제의 기억이 떠오른 거야. 나의 그 낡은 기억에서 너의 미래를 봤어. 분명 꾸준하고 묵묵한 너의 모습을 누군가 알아봐 줄 거야. 착한 사람, 착한 교사가 가는 길을 계속 응원할게. 분명 너처럼 둥글어도 반짝반짝 빛날 수 있어.

04   그때 그 아이를 꼭 혼내야 했을까

안녕. 오늘은 월요일이야. 오늘 조회 시간 분위기는
어땠니. 아이들에게는 무슨 말을 했으려나. 한 주의 시작
부터 인상 찌푸리고 싫은 말을 늘어놓아야 하진 않았는지,
묵직한 메시지로 동기 부여를 주기 위해 짐짓 무거운 목
소리 톤을 꾸며 내지는 않았는지, 우연히 눈치챈 반 아이
의 잘못을 오늘 하루 중 언제 어떻게 지적해야 할지 고민
하고 있는 건 아닌지.

언젠가 네가 칭찬하는 것보다 몇 배나 더 어려운 게
꾸짖는 거라고 말했던 게 떠올라. 아이들을 어떻게 해야
잘 혼내는 건지 여전히 잘 모르겠다며. 그러게. 잘 혼낸다
는 건 뭘까. 타인이 듣기 싫을 것이 분명한 말을 하는 게

교사라고 뭐 쉽겠니. 말을 해야 하는 최적의 순간을 열심히 고르고 머릿속으로 최상의 시나리오를 꾸려 놓잖아. 태도뿐 아니라 전달해야 할 메시지의 내용과 수위가 적절한지 가늠하는 것도 늘 어려워. 생활 지도에 능한 교사란 프로 혼냄러, 꾸짖러가 되어야 하는 것 같아.

어느 해 가을. 도시 중심의 잔디 광장에서 진행한 교육체험 축제에 학생들과 참여해 체험 부스를 운영한 적이 있었어. 금요일부터 주말까지, 꼬박 2박 3일 동안 가로, 세로 3m짜리 행사용 텐트 두 칸의 교실로 출근하고 퇴근했었지. 하루 종일 가을 하늘을 머리에 이고 있었어. 야외 축제인데 비가 안 와서 다행이었지만, 또 높고 길게 쏟아지는 가을볕과 하이파이브 하느라 애들도 나도 얼굴이며 팔이며 노릇노릇 제대로 그을렸지.

뜨거운 광장의 녹진한 가을이 있기 전에 더 뜨거운 여름의 시간도 있었어. 부스에서 운영할 프로그램을 기획하고 준비하기 위해 다 함께 여름 방학부터 꼼지락거렸었지. 방학이라고 한가할 리 없는, 어쩌면 더 바쁜 아이들이 없는 시간을 쪼개서 하는 것이니만큼 그 무엇보다 값진 경험이 될 수 있었음 했어. 노력은 배신하지 않는다는 고전적인 교훈을 전해 주기 위해 조금 벅찰 만큼의 과제를 주고 곧장 피드백을 주며 타이트하게 이끌었어. 녹록지 않았을 준비 기간 내내 아이들은 지도 교사인 내 눈치를 봤다고 생각했겠지만, 사실 아이들이 포기하지 않고 도전할 만큼의 과제를 내어 주느라 나 역시 아이들 페이스와 컨디션에 따라 잔뜩 눈치를 봤던 것 같아.

그래도 우리는 여름의 열기에 지지 않았어. 함께 여름을 보내며 선후배끼리 관계의 밀도가 더욱 진해진 게 보였고, 나와 아이들의 연대감도 부쩍 깊어졌어. 마주치며 주고받은 대화 속에 담긴 친밀감과 신뢰가 어느 정도인지 느껴지잖아. 한편으로는 당장 결과가 나오지 않더라도 자신을 믿고 꾸준히 노력하는 미덕에 대해 알려 줄 수 있어서 좋았어. 뭐든 편리하고 빠른 게 미덕이 되는 시대라고 교육 과정과 목표 수행 과정도 그러길 원하는 아이들이 제법 있잖아. 꾸준한 노력과 진심을 담은 협력. 과제 수행 시 혼자 몰래 설계해 놓은 교육 목표였거든.

찰지게 뒤엉켜 보낸 그 여름의 시간 덕에 다가온 가을 앞에 당당했어. 최선을 다한 자들의 당당함. 행사는 성황리에 마무리되었어. 마지막 날엔 체력적으로 한계가 왔었지. 그럼에도 교실에서는 보기 힘든, 학교 밖에서만 볼 수 있는 너희 특유의 자유로운 생기와 밝은 에너지를 분출하는 것 같아 좋았어. 축제 폐회 행사와 해단식을 한 뒤 우리 학교 부스를 정리하고 나니 저녁 시간 즈음이더라. 너나 할 것 없이 연신 배를 꼬르륵거리다 나중엔 우렁찬 천둥소리도 났지. 나는 행사를 위해 학교에서 가져온 큰 짐들을 차에 싣고 학교에 다시 갖다 놓아야 했어. 마지막까지 남아서 부스 정리를 한 아이들은 간부와 자원해서 정리를 도운 몇몇이 있더라고. 마무리까지 책임지는 모습이 대견해서 대표 학생을 불렀어. 난 학교에 잠깐 들어가야 하니 학교 근처에서 너희끼리 간단히 저녁을 먹고 가라고. 대표 아이에게 밥을 먹을 만큼의 돈을 쥐어 줬지. 크게 "감사합니다!"를 외치며 와글와글거리는 너희를 뒤로하고 학교로 향했어.

학교 지하주차장 한 곳에 짐이 든 박스들을 내려놓았

어. 도저히 건물 안까지 혼자 옮길 엄두가 안 나더라. 월요일 아침에 아이들 도움을 받아 옮겨야겠다 생각하고 집에 가서 맥주 한 잔 해야겠다! 했다가 멈칫했어. 그래도 애들 밥 먹는 곳을 들려서 살펴보고, 빨리 집에 들여보내야 마음이 편하겠는 거야.

"어디니?"
"샘! 저희 집에 가고 있어요."
"엥, 벌써? 뭐 먹었길래 이렇게 빨리 끝났어?"
"저희 뭐 먹을까 이야기하다 그냥 저랑 A, B 셋은 떡볶이 먹고 다른 애들은 돈 나눠 가지고 집에 갔어요."
"돈을 나눠 가졌다고?"
"네, 사람 수대로 나눠 가졌어요."

내가 밥 사 먹으라고 준 돈을 인원 수대로 나눠 가졌다는 거야. 전화를 건 뒤 아이 목소리가 들릴 때까지 내 머릿속에는 식탁에 둘러앉아서 자신들이 멋지게 끝낸 교과발표 축제의 에피소드를 나누고 까르르 웃는 모습이었는데! 이런 전개가 기다리고 있었을 줄이야. 통화를 하며 처음 올라온 감정은 연유를 알 수 없는 거대한 '화'였어. 그다음은 '황당함'이었고. 세 번째로 떠오른 건 '의문'이었어.

이 일의 전말을 더듬기 위해 이어 간 대화에서 실마리를 찾기 시작했어. 그나마 납득할 만한 상황 논리는 예닐곱 명 있었던 아이들끼리 먹고 싶었던 음식이 하나로 모이지 않았다는 거야. 이거 맞아? 합리적인 의사 결정으로 봐야 하는 걸까. 대화와 타협, 배려와 희생, 단합과 협력. 이 행사를 통과하며 내가 가르쳐 주고 싶었던 가치를 지금 당장 아이에게 효율적으로 전달할 멋진 흐름이 그려지지 않았어. 그럼 그렇지. 난 프로 혼냄러 내지는 꾸짖러가 아니었던 거야.

집에 와서 남편에게 물었어. 이래저래 해서 아이들이 돈을 나눠 가지고 집에 갔는데 너무 황당해서 내일 뭐라고 설명해 줘야 할지도 모르겠다고. 남편은 "요즘 애들이라면 그럴 수도 있을 것 같다"라고 얘기해 줘서 나는 또 놀랐어. 하나의 목표를 함께 이뤄 낸 선후배끼리 뒤풀이

하며 생생한 감정을 나눠 가지라고 한 건데 그 자리의 의미에 대해 좀 더 자세히 설명을 해줬어야 했던 걸까. 아니, 학교에 짐을 내려놓는 게 문제가 아니라 그 자리까지 내가 임장을 했어야 했던 걸까. 난 별로 먹고 싶지 않지만 다수가 원하는 음식을 통일해서 먹으며 뒤풀이를 하는 것. 이거 혹시 장, 감들이 좋아하는 회식 문화를 내가 조장하고 있었던 건가. 등등의 생각들이 머릿속에 뒤엉켰지. 남편은 교사가 아니기에 무언가 옳고 그름을 떠나 요즘 아이들의 사고방식에서 나올 수 있는 가능성을 말해 준 거였어. 그렇지만 나는 교사니까, 우리는 교사니까.

다음 날, 대표 학생을 불러서 대화를 했어. 같은 목표를 이뤄 낸 구성원을 독려하고 더 돈독하게 만드는 자리를 만들라는 거였는데, 선생님과 대표인 너와의 소통이 크게 어긋난 것 같다고. 최대한 차분히 설명하려 했어. 그런데 내 말을 듣는 아이의 눈에는 큰 물음표가 떠 있는 것 같았어. 이해하지 못하는 건가, 잘못이 없다고 생각해서 나의 말을 밀어내는 건가. 답답하고 초조해져서 더 분명한 메시지를 주기 위해 냉정하고 날카로운 단어를 불쑥불쑥 내밀며 혼을 내는 분위기로 변했어. 그럼에도 아이의 표정은 큰 변화가 없었어. 평소에도 나와 대화를 많이 하던 아이였는데 받아들이지 못하고 있는 듯했어. 어색한 대화를 마무리한 뒤, 씁쓸함이 몰려왔단다. 이왕 이렇게 될 거 더 제대로 잘 혼냈어야 했는데.

사실 너도 알고 있지? 어른으로서, 교사로서 학생의 석연찮은 행동을 발견했을 때 선택할 수 있는 또 하나의 옵션. 혼내지 않기. 외면하기 혹은 모른 척하기의 다른 표현이잖아. 그래도 우리 아직은 포기하지 말고, 아이들을 바라보자. 제대로 더 잘 혼내는 방법은 분명 있을 거야. 너도 그렇잖아. 우리가 아이들에게 화내고 혼을 내는 까닭은 절대 우리 각자가 완벽해서가 아니라, 그 상황에서 그 아이에게 좀 더 나은 선택을 알려 줄 수 있을 거라는 믿음인 거잖니. 그러니 오늘도 꾹꾹 눌러 담은 밥 한 그릇 든든히 먹은 뒤, 진심도 꾹꾹 눌러 담아 최선을 다해 혼내는 어른이 되어 보자꾸나.

05   결혼식에서 사연 많아 보이는
신부가 되는 법

고등학교에서 근무할 때, 결혼을 하게 되었어. 친한 동료들은 이미 결혼 이야기가 나올 때부터 알고 있었지만, 결혼식 한 달 앞둔 때쯤부터 청첩장을 돌리기 시작하고 나니 자연스럽게 학교 이곳저곳에 나의 결혼 소식이 퍼지게 되더라.

아이들도 그즈음 알게 되었을 거야. 장대비처럼 쏟아지는 아이들의 질문을 겨우 막은 뒤, 지금부터 나의 결혼에 대한 질문은 일체 거절한다고 했어. 이야기가 퍼진 시기가 정기고사 준비 기간이기도 해서 들뜬 분위기를 만들고 싶지 않았거든. 이상하게 아이들은 나보다 더 들떠 보였어. 눈만 마주치면 해사하게 웃는 것이 본인들이 예비 신부인 것처럼 굴더구나. 날 보고 응원의 눈빛을 보내는 아이들도 있었는데, 우리 시어머니만큼 인자하고 결연한 눈빛을 했더라니까.

내가 입을 꾹 다물어 버리니 아이들은 수업에서 뵙는 동료 선생님들께 각종 정보를 수집했다더라고. 이곳저곳에서 들리는 말을 종합해 보니 자율 동아리에서 밴드부 보컬로 활동하는 아이가 주축이 되어 결혼식 축가를 준비하고 있다는구나. 기혼자 동료분들은 결혼식에서 아이들이 축가를 부르는 건 교사에게만큼이나 아이들에게 좋은 추억이 된다고, 한다고 하면 못 이기는 척 내버려두라고 하셨어.

결혼식 당일까지도 난 아이들이 무슨 노래를 어떻게 하는지 전혀 모르고 있었어. 혹시나 싶어서 결혼식 날짜와 시간, 결혼식장의 위치를 알려 주었어. 다 알고 있다는 듯한 늠름한 표정을 짓고 씨익 웃어 보이는 아이. 표정을 보니 진짜 하려나 보다 싶어 남편의 지인이 축가를 하기로 되어 있었으니, 그의 노래와 양가 부모님께 인사드리는 사이를 아이들의 축가 순서로 비워 두었어.

그리고 다가온 결혼식. 새벽부터 일어나 정신없이 이리저리 끌려다닌 뒤 정신 차리고 보니 신부 대기실에 앉아 있더라. 오랜만에 보는 반가운 얼굴들 틈에 대기실 문밖에서 쭈뼛거리며 돌아다니는 아이들 모습이 보였어. 얼핏 봤는데도 평소 학교에서보다 더 단정하게 교복 매무새를 정리하고 온 것 같아서 '역시, 예쁜 내 새끼들. 고등학교 2학년이니까 알아서 잘하는구나'라고 생각했지. 일찍 온 아이들 몇 명과는 사진도 찍었는데 눈시울이 빨갛게 된 아이가 있더라고. 우리 엄마도 아직 안 우셨는데 네가 왜 우냐고 웃으며 이야기했는데. 그게 복선이었을 줄 그때의 나는 전혀 몰랐지.

스무 명가량의 아이들이 두 줄로 서서 노래를 부르기 시작했어. 마이크가 몇 개 없으니 중간중간 하나씩 들고 앞줄 가운데에는 밴드부 보컬 아이가 있었지. 전주가 시작되고 첫 소절은 보컬 아이가 먼저 독창을 하며 시작하기로 했나 봐. 그런데 나와 눈을 맞추고 웃고 있던 그 친구의 눈에 갑자기 눈물이 잔뜩 차오르기 시작했어. 급기야 어깨를 들썩이며 엉엉 울기까지 하는 거야. 이미 노래가 나와야 할 부분인데, 반주는 혼자 앞서가다 질주를 하기 시작했어. 나랑 남편은 마주 보고 웃은 뒤 아이를 향해 입 모양으로 '왜 울어~ 괜찮아'를 말했어. 그런데 그 아이를 시작으로 갑자기 대부분의 아이들이 약속한 듯 다 함께 울기 시작하는 거야.

결혼식장은 순식간에 하객들이 외치는 "괜찮아. 괜찮아"가 울려 퍼졌어. 사회를 보는 친구의 기지 덕에 아이들의 축가는 1절까지만 하고 마무리 지었어. 한 소절도 제대로 부르지 못한 듯한 나의 아이들. 퇴장하면서까지도 엉엉 울며 손등으로 눈을 비비며 걸어 나갔지. 나중에 친구들과 이모들이 내게 와서,

"아니, 애들 왜 우는 건데?"
"너 학교 그만둬?"
"애들 혼냈어?"

애들이 너무 서럽게 울어서 무언가 숨겨진 사연이 있나 싶어 물어봤단다. 모르는 사람들이 봤으면 나 어디로 팔려 가는 신부인 줄 알았을 것 같아. 그때는 유튜브나 SNS가 크게 활발하지 않아서 다행이야. 지금 같았으면 많이들 찍어서 여기저기에 올려놨을지도 모르겠다. 엉엉 울던 아이들은 실컷 울어서 배가 비었는지, 하객으로 온 교사들과 학생들이 서로 불편하지 않게 따로 잡아 둔 패밀리 레스토랑을 거덜 낼 정도로 신나고 맛있게 먹었다 하더구나.

신혼여행을 다녀와서 애들에게 물어봤어. 도대체 그날 결혼식장에서 왜 그렇게 운 거냐고. 그러자 한다는 말이,

"샘이 먼 곳으로 가시는 것 같아서요."
"이제 다시는 샘을 못 보는 거 같아서요."
"샘 남편분이 미워서 순간 울컥했어요."

나 멀리 안 가는데. 너희 지겹게 봐야 하는데. 남편은

나보다 착한 사람이야.

엉엉 울던 그 아이들 중에 하나가 너였어. 남 앞에 서 길 부끄럽고 꺼려 하던 네가 용기 내서 내 결혼식에 노래 를 불러 주러 왔다니. 비록 한 소절도 못 들었지만 그것만 으로도 내겐 큰 선물이었어. 하지만 당부 하나만 할게. 너 도 교사니까, 만약 결혼을 하게 되고 나처럼 제자들이 축 가를 부르러 온다고 한다면 말리지 마. 결혼식을 생각하면 여전히 단정하게 교복을 입고 두 줄로 서서 나를 바라보 던 아이들이 떠오르거든. 하지만 축가를 준비한다는 아이 들에게 꼭 나의 결혼식, 너의 축가 이야기를 해주렴. 잘하 는 것보다 중요한 것은 울음을 참는 것이라는 말도 잊지 말고.

그래야 나처럼 사연 많아 보이는 신부가 되지 않을 거야.

06　　선생님, 저도 칭찬 좀 해주세요

학교에서 일을 하고부터 내 안에 설정해 둔 규칙과 기준이 점점 강해져 갔어. 마음으로는 아이들의 든든한 조력자가 되어야 한다고 생각했지만, '지금 뭐 하는 거니?'나 '안 돼!'라고 외쳐야 하는 순간이 쌓여 갔어. 그러다 보니 무엇이 되고, 안 되며 그것을 이야기할 것인가 말 것인가에 대한 고민도 함께 적립했지. 연차가 비슷한 동료들과 모여서 '그건 잘못된 거라고 이야기해 줘야 할까?', '언제 어떻게 이야기해야 할까?' 같은 고민 성토대회를 열곤 했어. 연차가 쌓일수록 나날이 잎이 무성한 감시자와 판별자의 꿈나무로 자라는 중이었지.

햇병아리 교사 티를 벗었다 생각할 즈음 나름 정리를

해봤어. 학생들을 대할 때 애매한 감정이나 표현은 되도록 드러내지 않는 교사가 되는 편이 좋겠다고. 전해야 할 메시지와 목표에 집중할 뿐, 번거로운 감정은 빼는 것으로. 그래야 하지 말아야 할 것과 해야 할 것을 이야기해야 할 때 더 강하게 전달할 수 있으니까. 자질구레한 감정은 많이 내려놓기로 한 뒤, 초임 때처럼 '예쁘다. 착하다. 굉장하다. 대단하다. 멋지다'와 같은 형용사를 자주 꺼내지 않고 많이 아꼈어. 물론 두 번째 학교에서 만난 아이들도, 첫 학교에서 그러했듯 하나같이 저마다 다 예쁜 구석이 있었지. 속으로만 생각하다 어쩌다 한 번씩 "야, 너 멋지다?" 했더니 아이들이 좋아하더구나. 이게 맞네. 이거면 되는 건 줄 알았어.

유독 내게 삐딱하게 구는 학생이 하나 있었어. 아버지와 어머니 모두 IT 계열의 기업에서 연구원으로 시작해 임원까지 오르셨다는 성공 스토리를 수업 중 진행한 활동을 통해 알게 되었어. 그 아이 역시 부모의 길을 따라 걸으며 IT 계열의 스타트업 기업을 창업할 것을 꿈꾸고 있었어. 어딘가 성골 이과의 기운이 물씬 풍기는 아이랄까.

"소설을 왜 공부하는지 모르겠어요. 세상에 실질적인 이로운 것도 하나 못 만드는데."

"어려운 데다 심지어 재미도 없는 고전 문학, 수능에 나오니까 할 수 없이 하는 거죠, 뭐."

"시는 그냥 저자랑 주제, 표현법 위주로 외우면 되는 거죠?"

"이거 할 바에 그냥 수학 공부 더 하면 안 돼요?"

왜 그런 태도를 보이는지, 특히 내 시간에만 반항기 넘치는 언사를 드러내는지 필시 이유가 있었을 거야. 수면에 드러내지 않은 속내가. 그렇지만 깊게 관여하고 싶지 않았어. 냉철하고 합리적인, 경제적인 교사의 길을 가야 하니, 자잘한 감정은 치워 버리자. 그러므로 화들짝 놀라 질문을 하는 초보 교사처럼 굴지 않으리. 아무렇지 않게 굴며 그 아이의 말에 눈을 맞추고 들었다는 사인만 보낼 뿐 대꾸는 하지 않은 채, 수업에 필요한 말만 했어.

그러던 어느 날 자리를 비웠다 돌아온 책상에 반듯하게 접힌 쪽지가 하나 놓여 있었어.

'선생님, 저도 칭찬 좀 해주세요.'

짧은 글인데 세상을 다 짊어진 듯한 절박함이 묻어나 있는 듯했어. 한 줌의 글만으로도 누가 쓴 건지 대번에 알겠더라. 문장 밖 여백 가득히 한 아이의 이름이 쓰여 있는 듯 보였거든.

IT 성골 그 아이는 학교에서도 소위 SKY라 불리는 명문대는 거뜬하고, 대전과 포항도 갈 수 있다고 보는 기대주였어. 은근한 학교의 기대도 압박이 되었을 텐데. 가정에서도 성적과 미래에 대한 큰 기대를 안고 있었더라. 학업 이외의 모든 것에 대해 부정적이었고, 자존감이 바닥을 치는 상태였어. 그 아이의 절친들이 나의 동아리 학생들이라 아이들과 내가 격 없이 지내는 모습을 보고 나에 대해 기대를 했었나 봐. 냉철하고 합리적인 교사가 된다고 마음먹었다가 '칭찬'을 놓쳐 버린 교사가 되다니. 무언가에 강하게 얻어맞은 기분이었어.

그 아이와는 풀고 말 것도 없었어. 다음 해에 동아리 활동을 함께 하게 되며 그 아이의 고민, 나의 고민을 함께 나눌 시간이 충분히 확보되었지. 나는 교사로서의 사춘기를 이겨 내고 다시 '예쁘다. 착하다. 굉장하다. 대단하다. 멋지다'를 남발하는 교사가 되기로 했어. 그 아이가 용기를 내어 절박함을 담아 건네준 쪽지로 나 또한 구원받은 거야. 어렴풋하게 조금 보이더라. 앞으로 내가 어떤 교사가 되어야 할지.

내 마음속에는 싫은 것들을 걸러 내는 채가 있어. 나이가 들수록 그 채가 점점 촘촘해지는 것 같아. 새로 만난 사람이든, 장소든, 사건이든, 그 채에 올려 걸러 내고 나면 마음으로 떨어져 내리는 게 별로 없고 다 채반 위에 남아 있더라. 이건 이래서 싫고, 저건 저래서 안 되고. 실컷 채에 걸러 놓고는 혹시 내가 잘못 거른 게 있을까, 채에 남은 것들을 손으로 휘휘 저어 봐. 혹시 모를 반짝이는 걸 찾기 위해.

어리석었던 그때의 날 반성하며 부끄럽지만 너에게 고백해. 아이들 역시 채에 올려놓고 쳐낸 뒤 거추장스러운 건 버리고, 아래 내려온 곱고 작은 결정만 받아들이려 했던 건 아닌가 싶어. 판단하고 정의 내리고 결정하고 답을 내려 주는 능력 있는 교사 100명도 필요하지만, 늘 한 자리에 서서 진심 어린 응원과 칭찬을 할 준비를 하고 있는 교사 1명도 귀한 것 같아. 이게 나의 결론이야. 너도 그랬으면 좋겠다. 아이들의 빛나는 점을 열심히 발견하는 것에 힘쓰고, 남은 힘이 있다면 힘닿는 대로 아낌없이 칭찬해 주렴. 칭찬하자. 우리 아이들. 더 많이. 더 크게!

07   함께 읽은 책이 남아 있어

방학 중에 참석했던 연수에서 송승훈 선생님의 수업을 듣게 되었어. 선생님을 통해 '경기도중등독서토론교육연구회' 소속 선생님께서 함께 쓰신 책 『함께 읽기는 힘이 세다』를 알게 되었지. 부제로 달린 '지치지 않는 독서 교육을 꿈꾸는 보통 교사들의 새로운 교실 이야기'가 친절하게 알려 주듯, 책은 수업 속에 독서와 토론을 녹여내기 위한 뜻깊은 교사들의 궁리와 모색, 그리고 실천에 대한 이야기를 다루고 있어. 1권에 이어 같은 제목으로 후속작이 나왔을 만큼 교육계 안팎으로 널리 알려지고 많이 읽힌 책이야. 지치지 않기 위해 최선을 다하는 교사들의 노력과 열정 가득한 교실의 풍경을 더듬으며 푹 빠져 읽게 되는 양질의 도서지. 책의 내용은 당연히 너무나 훌륭하고 경종을 울리는 사례들이 많아. 그런데 내용도 내용이거니와 이 책의 제목마저 '바늘로 찌르는 말씀'이란 뜻을 가진 '잠언'처럼, 벼린 바늘처럼 콕 하고 내 뇌리에 박혔어.

아이들과 수업을 하며, 동아리 활동을 하며, 여러 가지 학습 활동을 하며 함께 읽기 위해 의도적으로 애를 쓴 날들이 있어. 벌금으로 학급비를 받는 대신 나와 함께 책을 읽는 독서모임을 조성하기도 했고, 학교 밖에서 교칙을 어긴 학생을 적발했을 때도 처음엔 벌점 대신 학교 도서관에서 원하는 책을 골라 와서 읽게 하고 대화를 하게도 했지. 긴 호흡을 가져갈 수 있는 방학 중 방과 후 수업 때는 헌법이나 동, 서양 고전을 선택해 깊이 읽기도 함께 했던 게 기억난다. 대부분 처음에는 따라오기 힘들어하다가, 함께 호흡을 고르며 쉬다가 다시 읽다가를 반복하니 결국 억지로라도 완독을 해내는 아이들이 참 많았어. 장거리 달리기를 할 때 페이스메이커의 도움을 받는 것처럼 말이야. 늘 반신반의 하며 시작하던 나 역시 책을 어떻게 해서든 꾸역꾸역이라도 읽어 내는 아이들의 끈기와 가능성을 보며, 속으로 몰래 웃던 날이 많았어. 기특하고 대견한 녀석들 같으니라고. 빨리 가려면 혼자 가고 멀리 가려면 함께 가야 한다는 말이 정말 맞았던 거야.

너희와 함께 읽었던 책들 중, 유독 기억에 남는 책들이 있어. 그 책들은 여전히 내 삶의 중요한 모퉁이를 돌 때마다 불쑥 튀어나와 적절한 질문을 건네. 가끔은 책을 떠올리며 조금 더 신중할 필요가 있다고, 잠자코 서서 한 번쯤 다시 생각하라고 스스로에게 조언을 할 여력도 쥐어 줘. 그중 너에게 몇 권 소개하려 하는데 한번 봐주겠니?

— 『그리스인 조르바』, 니코스 카잔차키스, 열린책들

방학 중 비는 시간을 겨우 쪼개고 쪼개서 네댓 명이 어렵게 모여 앉았어. 이 책에 대해 이야기하기 위해 마주 앉은 우리의 모습이, 마치 유체 이탈을 해서 내 정수리 위에 올라선 각도로 내려다보였어. 짠하고 서글픈, 하지만 아름다운 우리들. 우리는 처음엔 마구 울부짖고 춤추며, 오직 오늘을 사는 주인공 알렉시스 조르바를 이기적이고 괴팍하고 제멋대로인 사람이라고 흉을 봤어. 하지만 함께 이야기하며 알게 되었지. 그 마음은 '자유란 책임지는 것'이라 말하는, 성숙한 자유인 조르바를 향한 질투에서 비롯했다는 걸. 평소 아름다운 감수성을 가졌다고 느낀 아이가 대한민국 고등학생은 자유에 대해 논하는 게 사치라고, 묘한 죄책감과 열패감을 갖게 한다는 말을 했어. 이렇게 이 책은 깊은 곳에 감춰 둔 우리들의 불만을 정제된 언어로 토해 낼 수 있게 하는 마법을 부렸던 것 같아. 나는 이 책의 가장 유명한 구절인(저자의 묘비명으로도 알려진) '나는 아무것도 바라지 않는다. 나는 아무것도 두려워하지 않는다. 나는 자유다'라는 문장을 여전히 사랑해. 바라건대 그날의 우리 저마다가 펼쳐 본 말과 생각이 각자의 자유에 가닿았기를. 그래서 자유란 스스로 바라고 떠올리면 닿을 수 있는 것이란 희망을 품을 수 있게 되었기를 바라.

— 『대한민국 헌법』

아이들과 헌법 전문을 함께 읽어야겠다는 생각이 들었어. 방학 중 방과 후 수업이 마무리되는 시간에 마치 특강처럼 해볼까 싶어, 수업 시간에 슬쩍 흘려 봤지. 그랬더니 몇몇 아이들이 덥석 미끼를 물었어. 그렇게 모인 스무 명 남짓한 아이들. 아이들을 모아 놓고 보니 발등에 불이 떨어진 걸 알게 되고, 열심히 자료 조사를 하고 발제문을 만들었어. 대학 때로 돌아가 세미나, 혹은 스터디를 준비하는 방식으로 말이야. 읽다 보니 역시나 법은 군더더기 없이 깔끔해서 읽을수록 질리지 않고 소화도 잘 되는 집밥 같은 글이더구나. 시간을 들여 작성하고 수정하고 배포된 사회적 약속이기에 그 자체로 선언적이며 실천적인 규범이잖아. 한 문장을 오래 품고 공들여 생각할수록 사유의 힘이 거세지는 걸 느꼈어. 수업이 막바지로 향해 갈수록 아이들이 어휘를 사용함에 있어 고심하고 신중해지더라. 표현이 명료해져서 전달력이 좋아짐과 동시에 오래 고민하고 말한 자의 사려 깊은 배려를 느꼈어. 더불어 법은 찬 속성을 가진 줄 알았더니, 서로에게 더욱 따뜻해지기 위한 수단이었음을 깨닫게 되었어. 시국이 어수선할 때엔 헌법을 꺼내서 읽곤 해. 너희와 함께 대한민국 헌법 제1조 '대한민국은 민주주의 공화국이다'를 고이 가슴에 품었던 날을 기억하며.

— 『윤동주 평전』, 송우혜, 서정시학

아이들이 좋은 책을 추천해 달라고 할 때가 많잖아. 개인적으로 와서 물으면 아이의 진로나 관심사, 독서의 목적 등을 짧게라도 대화를 해서 묻고 그에 맞는 도서를 소개해 줬어. 그런데 수업이나 강의에서 물어오면 그 방법을 쓸 수가 없더라고. 고심 끝에 청소년에게는 늘 널찍하게 '평전'이라는 문학 갈래를 권하곤 했어. 특히 고등학교를 졸업하기 전에 꼭 삶의 발자취를 따르고자 하는 인물을 모색하고, 그의 평전을 찾아 읽으라고. 평전은 지금껏 봐온 위인전이나 전기문과 다르게 학술적인 자료나 역사적 사건을 재료 삼아 쓴 글이기에 인물을 객관적으로 볼 수 있어. 또한 어떤 면으로는 저자의 시선과 역량에 따라 주관적 평가가 개입된다는, 양면적인 매력을 동시에 가진 장르잖아. 시인 윤동주 톺아보기를 위해 안소영 작가의 책 『시인 동주』, 이준익 감독의 영화 〈동주〉, 그리고 이 책을 함께 읽었어. 아이들은 영화에서 배우 박정민이 맡았던 역할인 독립운동가 송몽규에 대해 안 뒤, 이 책의 저자 송우혜 선생님께서 송몽규의 조카라는 걸 알고 책에 더욱 몰입했던 게 생각난다. 그런데 함께 읽기를 마친 뒤 이 책은 나의 인생 책이 되어 버렸어. 실은 이곳에 소개한 모든 책이 내 인생에도 정말 소중한 한 페이지가 되었단다.

여기 소개한 책 외에도 너희와 함께 읽은 많은 책들은 내 삶에도 특별한 자국을 남겼어. 학생들과는 아니지만, 여전히 소박한 독서 모임을 간간이 하고 있어. 하지만 오래전 너희들, 그러니까 나보다 조금 어린 벗들과 투닥거리며 읽은 책이 갖는 의미는 책 이상인 듯하다. 함께 시간 여행을 다녀오는 기적을 행한 전우애 같은 거랄까. 이 글을 쓰며 다시금 확신했어. 함께 읽기는 정말 힘이 세구나, 라고.

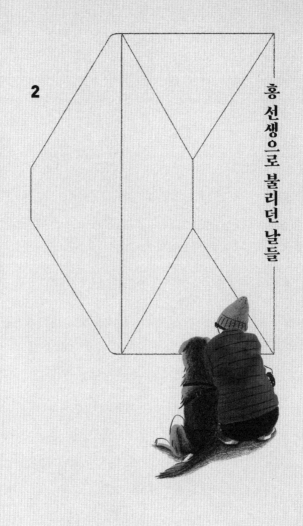

2

홍 선생으로 불리던 날들

01 급식을 먹지 않는 교사

교원공동체 모임이 있어서 이웃 학교에 갔었어. 친한 선생님이 근무하고 계신 곳이라 이름은 익숙한데 막상 학교 안은 그때 처음 들어갔었지. 회의나 출장이 있을 때는 주로 교육지원청이나 본청이 많고, 거점 학교도 더러 있지만 의외로 인근 옆 학교 갈 일이 생각보다 없잖아. 조금 신기한 마음을 품고 교정을 살폈어. 우리 학교와 규모, 연식, 학급 수 등 쌍둥이처럼 닮은 곳이라 얼핏 봐도 비슷한 게 많더라. 학교들이 저마다의 교육 철학과 기조에 맞춰 다양한 구조와 건축 양식을 가졌다면 좋을 텐데 생각한 적이 많은데, 역시 그 학교도 복도, 화장실, 교실, 차가운 손잡이, 네모투성이 창문. 사진 잘 찍으면 우리 학교라고 해도 누군간 믿겠지 싶을 정도로 닮았더라고.

회의를 마치고 나니 5시쯤 되었을 거야. 친한 선생님이 배려해 주셔서 손님 자격으로 함께 그 학교의 석식을 먹게 되었어. 그런데 맙소사. 너무 큰 반전이 있었어. 그 학교의 교직원 식당이 너무너무 멋진 거야! 누가 봐도 건물의 가장 아름다운 곳을 식당으로 만든 것 같았어. 홀 형태의 넓은 공간을 자연스럽게 나누는 유려한 곡선이 부각되는 책장이 눈에 가장 먼저 들어왔어. 늘 시끄럽고 정신없을 식당이란 공간에 우아한 율동감을 주더구나. 높은 천장과 넓은 홀에 넉넉하게 놓인 좌석은 아무 때나 와도 교직원 누구나 원하는 곳에 앉을 수 있어 보였어. 당연하듯 잔잔한 노래도 흘러나오고 있었고, 시원하게 뚫린 전면 창으로는 조경 사업을 하는 학교 재단의 수준에 맞는 잘 가꿔진 정원이 보였어.

교사는 일과 중 모든 시간이 업무 시간이잖아. 휴게시간이 없지. 점심시간에도 학생 안전의 사각지대가 만들어지면 안 되기에 그 시간도 근무 시간에 포함되잖아. 그래서 돌아가며 급식 지도라는 업무를 하는 것이고. 당시 근무하던 학교의 식당은 학생 식당 한편에 가벽을 세워 만든 임시 공간 같은 곳이었어. 학교 교직원이 이용하는 것에 비하면 규모도 작아서 줄을 서야 할 때가 많았고, 자리도 비좁았지. 심지어 다양한 메뉴를 선택할 수 있는 학생 급식 시스템에서 아이들이 선택하지 않아서 남은 메뉴를 주는 걸 알았을 때, 음식에 크게 미련 두는 스타일이 아님에도 살짝 빈정 상하기도 했어.

넌 이미 알고 있겠지만 나에겐 더 큰 문제가 있었어. 대학을 졸업하고부터 반려동물과 가족이 되고, 동물권에 관심을 두며 간헐적 채식을 시도해 보았어. 그 후 자연스럽게 주중에는 채식 지향인이 되어 페스코 식단을 먹는 것이 습관이 되었거든. 초임 때는 눈치 본다고 티도 못 내고 적당히 섞여서 잘 먹는 척했어. 시간이 지날수록 고역이어서 은근슬쩍 조금씩 못 먹는 걸 식판에 담지 않기 시작했지. 그때는 이렇게 배식 시스템을 하는 직장에 다녀서 다행이구나 했어. 내가 먹을 수 있는 것만 퍼서 먹으면 음식을 남겨서 버릴 일도 없고. 허전한 내 식판의 빈칸에는 뭐든 잘 먹어라, 다이어트 그렇게 하지 마라, 관리 세게 하네, 등등 여러 동료들의 말들이 반찬 대신 올라오곤 했어.

"제가 채식을 해서 먹을 수 있는 게 없어요"라고 말해도 똑같이 체중 관리, 건강관리에 대한 조언들을 해줬어. 불편한 말은 거두는 게 좋아서 그냥 듣고 말았지. 그들도 그냥 나처럼 보고 말아 주면 좋았을 텐데.

그런데 어쩜 그렇게 먹을 게 없니. 빨간 고기 줄까 갈색 고기 줄까. 밑반찬과 메인 요리는 대부분 고기 일색이었고 국물 요리도 육고기 베이스인 경우가 허다했어. 결국 연차가 조금 쌓일 무렵 '나 급식 안 먹어!'라는 편식하는 금쪽이 선언을 하고 도시락을 싸와서 먹기 시작했어. 마음 편하고 좋더라. 원래 많이 먹는 편도 아니었던지라 가볍게 먹을 수 있어서 좋았어.

그런데 어느 날. 교내 메신저로 교감 선생님으로부터 단체 메시지가 왔어. 이것저것 당부의 말씀과 함께 시작된 메시지의 요지는 다음 달부터 전 교사는 급식을 먹어야 한다는 거야. 당시 급식 퀄리티에 불만을 품은 분, 체질 개선이나 체중 관리로 식단 조절을 하는 분 등 여러 사유로 급식을 먹지 않는 교사가 나 외에도 몇 분 계셨어. 메시지에는 한두 명이 빠지다 보면 수가 더 줄 수도 있고, 그렇게 되면 단체 급식의 효율이 떨어지고 1인 식사 단가가 더 올라갈 수 있으니 협력해 달라 쓰여 있다. 협력이라는 이름은 협박의 다른 말이기도 한 걸까?

처음으로 교감 선생님에게 길다면 긴 메시지를 보냈어.

'저는 간헐적 채식주의자라 일반 급식을 먹는 것에 어려움이 있습니다. 몇 년간 어떻게든 먹어 보려 했는데 반찬과 국의 거의 대부분을 못 먹는 날이 많아지며 결국 급식을 먹지 않게 되었습니다. 식비가 그냥 빠져나가서 아깝지만 다른 분들께 피해가 된다면 급식비를 내고 먹지 않는 게 교감 선생님이 제시하신 협력에 부합하는 것 같습니다.'

곧바로 나이스한 내용을 담은 답장이 왔지만, 그날 난 아마 조금 찍혔겠지? 하하하. 그런데 속이 후련했어. 누군가와 당분간 조금 불편해질 수는 있지만 내가 중요하다고 여긴 삶의 태도를 꺾지 않았고, 이를 인정받은 하나의 사례로 남을 수 있어서. 이 작은 승리의 기억이 학교를 나온 뒤에도 오래 남아 있어. 학교 안에서 잡음을 내지 않는 교사가 되기 위해 학교 밖의 나를 속였다면, 지금도 후회했을 것 같아. 너도 누군가에게 피해를 끼치지 않는다면, 작은 선택 속에서 교사라는 이름 안에 너를 힘들게 우겨 넣지 않았으면 좋겠다.

02 나도 한때는 수능이
삶의 전부인 줄 알았어

어느덧 11월이 되었어. 학교를 그만둔 지 몇 해가 지났는데도 아침저녁 쌀쌀해진 공기에 옷깃을 여미게 되는 11월이 되면 곧바로 떠올라. 아, 대학수학능력 시험일이 거의 다 왔나 보구나. 올해는 다행히 수능한파가 없을 거라는 예보가 있었다지. 가뜩이나 심란한 마음인데 날씨까지 추우면 시험 보러 가는 수험생 아이들도, 시험 감독이거나 고사장 운영을 맡는 교사들도, 시험 전후 교문을 지키고 있는 응원단 아이들과 학부형, 가족들 모두 다 고생할 텐데 걱정하곤 했었어. 이왕이면 올해 수능도 모두 덜 고생하고 덜 힘들게 끝났으면 좋겠다.

내가 거친 학교는 대부분 수능일 즈음에 수능 출정식

이란 걸 했었어. 정말 상을 차리고 절을 하며 고사를 지내는 학교도 있었고, 강당에 모여 예배를 드리는 학교도 있었지. 한 인문계 고등학교에서는 수능 때마다 이런 행사를 했어. 수능시험일 전날이 예비 소집일이잖아. 고3 아이들이 점심 식사를 마치고 수험표를 받은 뒤 곧장 각자 결정된 고사장으로 향하지. 그 시간에 맞춰 건물 출입구부터 운동장을 가로질러 교문으로 향하는 통로의 양옆을 전 교직원과 재학생이 빼곡하게 서서 길을 만들어 아이들을 배웅했어. 학생회에서 만든 응원가를 따라 부르고, 북을 치고 박수를 치며 응원했어. 고3 아이들이 걸어가는 그 길이 꽃길이 되길 바라며.

그 길을 따라 교문을 벗어나는 수험생 아이들은 자못 쑥스러운 얼굴을 했지만, 걸음만큼은 당차 보였어. 왁자지껄한 혼잡함 속에 복잡한 마음도 함께 실어 날려 보내듯 후련해 보였지. 매년 진행한 수능 출정식이었기에 그 아이들도 아마 지난 2년간 응원의 대열에 서서 고3 선배들을 뜨겁게 응원했던 기억도 있었을 거야. 수능을 포함해 대한민국 대입제도에 대해 생각하면 늘 석연찮은 생각이 앞서지만, 고3 아이들의 무운을 빌어 주기 위해 목청껏 모르는 이의 이름을 외치며 응원했던 그날. 누군가의 행운을 바라는 모두의 마음만큼은 한없이 진실되고 투명했다고 생각해.

넌 너의 고3 시절이 생각나니? 어느 해엔가 비담임이었던 나에게 한 뭉텅이의 서류가 전달되었어. 수시를 쓰는 아이들 중 나의 전공학과에 지원한 학생들의 것이었어. 서류 작성과 면접 준비를 돕기 위해 전달된 거였지. (그 학교의 입시 업무는 교사 간 전문 영역을 기준으로 품앗이를 주고받는 게 시스템으로 정착된 곳이었어.) 전달된 서류 중 하나가 너의 것이었어. 왜 이 전공을 선택해 이 모진 길을 가려는 거지? 만약 조금 일찍 알았더라면 다른 길을 가는 게 좋겠다고 설득부터 했을 텐데. 이미 발등에 불은 떨어졌을 테고, 지푸라기라도 잡는 심정으로 찾아온 너희들의 마음이 표정에서 훤히 보였어. 수시 원서를 준비할 때쯤의 고3 아이들 대부분은 잘못 툭 치면 바사삭 소리와 함께 바스러져 재가 될 것처럼 위태로운 상태잖아. 작은 일에 참 많이 속상해하고, 마음을 다치고, 엉엉 울기도 하고, 없던 병도 생기고.

누군가를 진심으로 응원하는 게 가능하다고 생각하니.

아이들 중엔 성적에 맞게, 복수전공이나 부전공을 노리고 학과를 선택한 아이들도 많잖아. 아쉽지만 고등학교에 오래 근무하며 그것 역시 다른 종류의 꿈이라 존중하게 되었어. 나 역시 아이들이 절절한 꿈을 향해 힘차게 나아갈 수 있는 교육환경을 만들어 주지 못한 어른 중 하나이기도 했으니, 적어도 이상만을 앞세워 상처 주지 않기 위해. 게다가 우리 모두 고3이 되어서까지 학과 선택을 향한 순수한 진정성을 가질 만큼, 대한민국의 중등 교육과 대입 제도가 호락호락하지 않다는 걸 모를 정도로 순진하진 않았으니까.

물론 그 와중에 진로에 대해 누구보다 진지했던 아이들도 있었어. 너도 그 부류 중 하나였고. 진로와 전공을 향한 너의 진심은 이미 알고 있었어. 밥도 제대로 안 먹고 봤던 서류를 보고 또 보고, 수정하고 또 해도 볼멘소리 한

번 안 했던 너와 같은 아이들의 뜨거운 열정에, 마알간 꿈에 반했었어. 그래서 뭐라도 더 도움이 되고 싶어 고3 담임도 아닌데 당시 대세였던 '00 먹고 대학 간다'라는 수시 지원전략 서적을 구해서까지 봤었어. (요즘은 어떤 책이 대세인지 모르겠구나.) 대학교 홈페이지에 기재된 학과별 커리큘럼도 찾아보고.

수능을 떠올리니 이 일도 기억난다. 수능 100일 전 즈음이 되면, 학교를 찾아오는 졸업생들이 있었잖아. 내가 담당 교사로 있던 동아리가 학교에서 제법 자리를 잡은 모임이어서 그랬을지도 모르지만, 매해 수능을 100일 앞둔 동아리 후배들을 챙기겠다며 지난해 졸업생들이 오곤 했어. 양손 가득 들고 온 불룩한 쇼핑백 꼭대기에 머리를 비죽 내민 알록달록한 리본과 포장지. 앙증맞은 카드에 빼곡히 담아 둔 검정 글씨의 응원들까지. 과외나 편의점 아르바이트를 해서 번 돈을 모아 선물을 샀다며 까르르거리는 졸업생과 그 덕에 오랜만에 발그레 웃던 후배들. 끝을 모를 경쟁에 내몰려 피가 마르는 하루하루를 보냈던 아이들이, 지금의 아이들을 격려하는 모습을 보며, 참담한 상황 속에서도 빛이 나는 아이들이 멋져 보였단다.

아마 내게 수능은 오랫동안 애틋하고 아련한 기억으로 남을 것 같아. 내가 품었던 모든 아이들이 노력한 만큼, 원하는 결과를 얻기를 바라지만 현실적으로는 불가능하잖아. 나도 한때는 수능이 삶의 전부인 줄 알았던 시절이 있었어. 교사로서 인문계 학교에 오래 근무하다 보니, 학생 때만큼이나 수능의 영향력이 버겁고 힘들더라고. 솔직히 인문계에서는 교수 학습 과정, 평가 등 그 모든 교육 행위와 학교생활이 결국 대입과 수능을 위해 짜맞춰진 것 아닌가 하는 의구심이 든 적도 있어. 학교를 나오고 나이가 제법 들고 나니, 수능이란 게 원하는 결과를 얻으면 조금 편하고 빨리 가는 길을 찾는 것임을 알았어. 하지만 그 외에는 생각보다 길고 굴곡진 한 사람의 삶에서 참 별거 아닌 관문이더라.

어제와 오늘, 너의 앞에 서 있는 올해의 고3 아이들에게 넌 어떤 말을 해주고 있을까. 아이들의 대입을 준비하며 교사로서 고개를 갸웃하며 의문이 드는 순간이 너무나 많았겠지만, 그럼에도 외롭고 쓸쓸한 길을 걷고 있음이 분명한 아이들에게만큼은 매 순간 꼭 힘이 되어 주는 교사가 되려무나.

지나고 나니, 멀리 나와서 돌아보니, 비로소 알겠어. 너의 고3 시절에 우리가 나눴던 마음처럼, 동아리 선배가 후배에게 전했던 마음처럼, 누군가를 진심으로 응원하는 건 가능하다는 걸.

03 동료 교사가 말했다.
코르사주 담당도 예뻐야 할 수 있지

이 일은 오래된 이야기라 요즘의 정서와는 떨어져 있
지만 이야기해 볼게. 한 학교에서 근무할 때였어. 외부 인
사와 교내 여론에 휘둘리며 우유부단하게 일을 처리하는
관리자가 있었어. 평교사 사이에서 신임도 두텁고 멋진 교
육 경력도 가진 분께서 뭐가 아쉬워 그러는 건지 이해를
못 했는데 알고 보니 나와 같은 평교사에게는 조금 먼 이
야기지만, 보직 교사의 영역에 발을 들여놓으면 알게 되는
다른 세상이 있다더라고.

이 학교의 보직 교사 출세 루트는 대략 이랬어. 보통
첫출발은 3학년을 제외한 학년부장으로 발탁되는 거래.
그 후 학습지원부, 인성교육부, 창의체험활동부 등의 부장

을 거쳐 가지. 여기까지는 평교사에서 나이나 연차가 조금 차오른 분 중 부장 교사에 대한 의사가 있다면 대부분 도달할 수 있는 분위기야. 그다음은 보통 행정 1, 2 부서라 불리는 연구부나 교무부의 부장이 되는 건데 이곳부터 조금 달라져. 여기서부터가 관리자로 가는 길의 초입이라 하더라고. 연구부장, 교무부장 자리에서 몇 년 머무르신 분들이 교감이 되고, 잘 풀리면 교장의 자리에 오른다는 공식. 학교마다 조금씩 다르겠지만 내가 경험한 공, 사립학교는 대체로 저런 분위기가 조성되어 있었어. 종종 교육 행정가의 길을 선택해서 본청이나 지원청의 고위직으로 가시는 분, 혹은 대학교수가 되는 분도 계시더라. 사립도 이와 비슷한데 한 가지 루트가 더 있어. 이사나 감사로서 학교 법인 이사회의 임원으로 임명되는 경우야. 이 이야기 속 학교는 사립학교였어. 관리자들은 아마 이사회 임원이 되는 걸 해피엔딩으로 여긴 모양이야. 그러고 보니 교장으로 퇴직하신 분이 법인 이사회 이사가 된 걸 봤어. 이사가 되어 이사회 정기 회의에 참여하기 위해 학교에 온 전 교장의 방문은, 흡사 금의환향 분위기였지. 그분을 우러러, 내지는 부러워 바라보는 몇몇 분들의 반짝이는 눈빛도 봤고.

이 학교 임용 첫해에 준공식이라는 학교 행사에 참여
했어. 일부 건물의 외벽과 노후한 공간 일부를 리뉴얼했
고, 강당을 포함한 특별실 위주의 신관 건물을 새로 지었
거든. 행사 분위기가 전에 근무했던 학교들과 사뭇 달랐
어. 보통 학교에서의 행사라면 학생, 학부모, 교직원, 지역
사회 주민 등이 주체가 되잖아. 여긴 학교 재단 소속의 기
업이 많은 편이라 그런지, 프로페셔널한 홍보 대행사가 준
비하는 준공식 느낌이랄까. 얼핏 들었는데 식 시작에 본관
1층에 레드 카펫을 깔고 테이프 커팅식을 한다고 했어. 그
말을 듣고 이례적이라 좀 놀랐지. 준공식 안내 브로슈어와
홍보 영상도 제작했는데 담당 교사가 엄청 고생했다고 해.
위에서 자꾸 수정을 요구해서 최종, 최최종, 진짜최최최종
파일이 무척이나 쌓였었다고 하더라. 준공식 며칠 전에 운
동장에 큰 트레일러 트럭이 와 있길래 뭔가 했더니, 신축
강당을 꾸미기 위해 풍선과 대형 천막, 리본 등으로 행사
공간을 장식하는 업체라더라. 이런저런 준비의 스케일이
생각보다 커서 행사일까지 학교 이곳저곳이 조금 어수선

했던 것 같아.

행사를 담당하는 부서에 소속되지 않아도 큰 행사를
할 때는 교직원 모두에게 업무가 주어지잖아. 전교생 체육
대회 때와 비슷하달까. 행사를 담당하는 부서의 소속이 아
니었던 내게 분장된 업무는 귀빈 동선 안내 및 에스코트
였어. 명단을 살펴보니 학교에서 가장 나이가 어린 여성
교사 4명을 배정해 놨더라고. 그런데 업무 분장표를 다시
자세히 보니 업무명 아래 괄호를 치고 '코르사주 담당'이
라고 쓰여 있더라.

"코르사주 담당…? 이건 뭔가요?"

코르사주가 뭐였더라. 평소에 잘 쓰지 않는 단어라 곧
바로 떠오르지 않았었어. 그러다 그때 결혼 준비를 시작해
야 하나 싶어 인터넷을 기웃거리곤 했는데 어디선가 신부
부케랑 신랑 코르사주(부토니아)를 봤던 게 생각난 거야.
정장 재킷 가슴 부분 주머니에 넣거나 옷깃에 부착하는
작은 꽃다발 있잖아. 담당 부장은 안 그래도 분주해서 이

미 혼이 반쯤 나가 보였어. 자세한 설명은 못 들었고 시간에 맞춰 행정실에 가면 된다고 해서 갔어. 역대급으로 분주해 보였던 행정실에 가서 테이블을 보니 전체 조회 때 연단에서 아이들 상장 수여를 위해 사용한 넓은 트레이가 있더라. 그날은 상장 대신 코르사주가 들어 있었고.

드디어 행정실 선생님께 코르사주 담당의 전말을 들을 수 있었어. 코르사주 담당이란, 행사 시작 전까지 행정실 근처 이사장실에서 하하 호호 웃으며 다과회를 하고 계신 귀빈에게 가서 정장 상의에 직접 코르사주를 달아 드리는 일을 하는 것! 맙소사.

임용될 때 이후 두 번째로 이사장실을 들어간 것 같다. 어르신 열댓 분이 계셨던 것 같아. 나도 귀빈으로 오신 그분들이 누군지 모르지만, 그분들도 우리가 누군지 모르는 것 같았어. 그분들의 의전을 위해 출장을 온 수행 비서 분들도 몇 분 계셨기도 해서 그런지, 타칭 귀빈들은 우리가 이 학교 교직원인지도 잘 모르는 것 같았지. 동료 교사들과 난감한 눈빛을 나누며 소파에 앉아 차를 드시는 분들게 하나둘 코르사주를 전달해 드렸어. 행정 실장이 "온 샘, 아이아이. 드리지 말고 이렇게 달아 드려야죠"라면서 우리에게 코르사주 라이팅을 했어.

코르사주의 순간은 넘겼어. 아니 그냥 넘어간 거지. 진짜 여긴 어디, 나는 누구의 상태로 멘탈이 탈탈 털렸지. 준공식 이후 있었던 개교기념식(이 학교는 개교기념식에 초대 가수도 올 만큼 엄청 성대하게 해), 졸업식까지. 그 학년도의 행사 때마다 여교사 4인은 붙박이 코르사주 담당이었어. 순간은 짧았지만 자괴감은 유구하더라. 당시 교무부장은 불통의 상징과도 같은 사람이라 교무부 기획 선생님께 행사 업무 분장에서 '코르사주 담당'의 불쾌한 부분을 아주 소심하게 말씀드렸어. 다음 해에 업무 명칭은 미묘하게 바뀌었지만 귀빈 이동 동선을 안내하고 에스코트하기 위해 가면 어김없이 있더라. 잘난 코르사주들.

얼마 뒤 교육계뿐 아니라 사회 구성원 전반의 성 인지 감수성이 높아지며 어린 여교사에게 향하던 코르사주 타령은 자연스럽게 사라졌어. 체제에 순응하며 사는 척하기 위해 모범생의 가면을 너무 오래 쓰고 있었던 비겁자인 난, 그 찝찝하고 불쾌한 순간에 '아닙니다', '싫습니다'를 제대로 말하지 못했어. 임용된 지 얼마 안 되었기도 했던 때라, 뭐든지 잘 해내고 싶었던 자아가 스스로를 속이는 중이었나 봐. 코르사주 달기, 그것마저 잘 해내야 한다는 강박에 동료 선생님들과 트레이에 놓인 코르사주의 방향을 정리하고 동선을 나누고 있었던 바보 멍청이 나. 심지어 한 교사가 "코르사주 담당도 예뻐야 할 수 있는 거야"라는 망언도 하셨어. 그 말을 듣고 난 무슨 표정을 지었더라. 가끔 친구나 친인척의 결혼식을 가면 양가 부모님들의 가슴에 달린 코르사주를 보고 흠칫할 때가 있어.

몇 년이 흐른 지금의 나는 만약 그때와 같은 상황에 처하면 "저는 코르사주가 싫어요"라고 말할 수 있겠지?

04 대통령상을 받은 여고생은 어른이 돼서

정기고사도 마무리되고 겨울방학을 하기 한 주 전의 2학기 말의 어느 날이었어. 2학년 문과 아이 하나가 내 자리로 왔어. 1, 2학년 동안 회장도 매년 했던 것 같고, 수업 태도도 좋고 학업 성적도 괜찮은 아이였지. 손에 이면지 한 뭉텅이를 쥐고 있었어. 보자마자 알았지. '어, 생활 기록부네?' 지금은 작성 중인 생활 기록부를 출력해서 학생에게 나눠 주면 안 되지만, 몇 년 전에는 일부 출력은 가능했거든. 12월 말은 교과 진도는 이미 마무리되었고, 조금 남았다 해도 고사가 끝나서 시험 범위도 아니다 보니 아이들이 제대로 집중하지 않는 수업이 이루어지는 기간이지. 그래서 그 시기는 암묵적으로 학급 자치 시간이나 기말고사 서술형 답지 확인, 때로는 생활 기록부를 점검하는 기간으로 활용하곤 했어.

　　"같이 활동한 OO은 진로활동 내용 5줄인데, 저는 왜 1줄
이에요?"
　　"활동 내용이 달라서 그렇지."
　　"저 진로가 이쪽이라 이 기록이 필요한데 저도 이렇게 똑
같이 써주시면 안 돼요?"
　　"안 되지."
　　"…왜요?"

　　하아. 얘는 내가 겪어 온 아이라 잘 알아. 절대 나쁜
아이가 아니야. 그저 무엇이 잘못인지, 어디서부터 잘못된
건지 배우지 못한 채, 이미 오래전에 길을 잃어버린 아이
인 거지. 마치 인문계 고등학교의 교육 방법과 방향처럼.
학생부 기재는 교사의 고유한 평가 권한이라 이렇게 와서
이야기하는 건 엄청난 월권이긴 해. 기재한 것 중 내용의
오류는 함께 말하고 확인할 수 있지만 기재 방식과 양, 내
용 등에 대해서 말하려 하다니. 조금 더 깊이 생각했다면
그 아이도 오지 않았을 텐데. 처음에는 차분히 말해 주었

어. 그런데 마지막 '왜요?'라는 불성실한 질문을 받자, 최대한 성실하게 말해 줘야겠다는 생각이 들었어.

"상대평가는 아니지만 상대적으로 OO의 활동 내용과 빈도, 과제 적합성 모든 부분이 월등히 우수했어. 그리고 너의 참여율과 몰입도는 제출한 과제들을 검토한 결과 진정성이 없었어. 심지어 성실성도 떨어졌잖니. 불참도 많고 과제 제출 기한도 몇 번이나 미뤄 준 뒤에 겨우 제출했고. 그래도 네가 모든 걸 제출한 정성을 참작해 몇 회 중 몇 회 불참했고 과제 제출이 며칠 늦었다는 팩트는 작성하지 않았단다. 이 정도면 납득할 만한 설명이 되었을 테니 그만 돌아가렴."

'생활 기록부 기재 요령' 파일을 출력해 제본한 책자가 200페이지 정도 되었던가. 매년 바뀌는데, 학기 중에도 계속 바뀌어서 추가 수정사항을 알리는 공문이 몇 건씩 오곤 하지. 지역을 밝히면 안 되고, 사람 이름을 쓰면 안 되고, 학생이 직접 쓴 논문이나 책 활동은 쓸 수 없고, 학교 이름을 명기하면 안 되고, 학교를 유추할 수 있는 프로그램명도 불허하고, 기간을 쓸 때는 '2025.01.01.'의 형식이어야 하고, 시간은 '10:00-11:00'여야 하고, 되고 안 되는 것들이 너무 좀스럽고 중요치 않은 거라 전달받으면서도 짜증이 몰려오곤 했어. 허술하기 짝이 없는 기록 방식과 시스템을 가지고 있지만, 아이들이 생활 기록부에 목을 매야만 하는 상황이었어. 학생부 종합전형으로 대학을 가기 위해서는 생활 기록부의 영향력이 매우 컸거든. 진로 활동의 노예가 된 아이들과 그런 아이들에게 좋은 생기부 기록을 만들어 놔야 한다며 은근히 부추기는 학교, 마침표나 쉼표 틀리는 것엔 혈안이 되었지만 정작 과열되는 분위기에는 무관심한 교육청과 교육부. 무엇보다 과정은 잘 모르겠고 그저 자신들이 정한 규칙에 맞게 잠재력 있는 학생을 선발한다는 목적이 최우선인 대학교.

난 고1 때 시인이 되고 싶다고 했다가, 엄마가 굶어 죽으려고 그러냐며 글은 취미로 쓰고 돈을 벌 수 있는 걸 찾아야 한다고 했어. 시인은 될 수 없지만 꼬박꼬박 백일장에 나가서 시를 썼어. 팔리는 글을 써야 하는 작가처럼, 효행 백일장이면 효심이 지극하게, 자연사랑 백일장이면 자연의 섭리와 생명 다양성 보존을 삶의 목표인 것처럼, 윤동주나 한용운처럼 문학가를 기리는 백일장이면 그들의 성향과 색채가 드러나는 시를 썼어. 수상을 해야 했거든.

내가 다니던 학교는 신생 학교라 내가 1학년이 되었을 때야 1, 2, 3학년이 채워진 곳이야. 학교의 이름도 알려야 했고, 대학을 가야 하는 우리는 대외상이 필요했으니. 늘 학년별 정예부대가 함께 돌아다녔어. 산문파/운문파가 나뉘어서 출격했지. 소 뒷걸음치다 쥐 잡기처럼 몇 번 수상권에 들었어. 그 뒤 국어 부장 선생님이 나를 바라보는 눈빛이 변했어. 그리고 어느 날, 엄청 큰 상을 받아 버렸어. 바로 대통령상. 학교 교문에 플래카드도 걸렸어. 아빠는 내가 알면 싫어할 게 뻔하니, 주말 새벽에 몰래 와서는 교문 머리에 걸린 플래카드를 영상으로 찍어 남기기도 하셨지.

학교에는 글로 대통령상을 받은 아이로 소문이 났어. 하루아침에 글을 엄청 잘 쓰는 아이가 되었어. 다들 내가 쓴 시 한 편 읽어 보지도, 물어보지도 않았으면서. 나도 학생부 종합전형, 그 당시는 수시라고 불리는 방식으로 대학에 입학했어. 문학 특기자가 아니라 학업 우수자, 생기부 우수자로 지원했는데 대통령상을 비롯해 소소하게 채워둔 대외상 기록이 아마 보탬이 되었을 거야. 한동안 우리 집 거실에 그 상장과 상패가 전시되어 있었어. 운 좋게 수시로 대학에 입학하고 나서 같은 학년 아이들의 대입 자기소개서를 봐줬고, 같은 동네에 사는 엄마 친구 딸인 중학생 아이의 국어 공부도 봐주며 용돈을 벌기도 했어.

대통령의 입김이 세기도 셌다 참. 왜냐면 나는 지금도 글을 쓰고 책을 내고 있잖아. 교사가 되어서도 진로와 무관한 기록이 난무하는 생기부를 잔뜩 비웃었지만, 그 상이 인도한 내 인생을 생각하면 기록에 목매는 아이들의 마음을 이해할 수는 있어. 그땐 대외상 하나, 체험활동 한 줄, 세부특기능력사항 한 개가 내 삶을 더 빛나는 곳으로 이끌고 갈 거라 굳게 믿었던 것 같아. 아이들이 과열될 수 있으니 부디 넌 나보다 더 잘 이끌어 갈 수 있기를 바라본다.

그나저나, 그래서 그 상은 지금 우리 집 책장에 잘 모셔져 있을까? 아니, 사실 어디 있는지도 모르겠어. 이사를 할 때마다 트로피를 감싸고 있는 유리 케이스가 깨질까 부담스러웠던 기억은 남아 있는데. 결혼을 하고 난 후 어디에 있는지도 모르겠다. 한때 내 인생 가장 빛나는 성과인 줄 알았는데 말이야. 인생 뭐 다 그런 거 아니겠니. 살아 보다 보니 그렇게 흘러가는 거.

05   홍 선생, 집에 가서 옷 갈아입고 오세요

학생인권조례가 있기 전의 시절, 학생들에게 흰 양말과 검정 단화만 신어야 한다는 교칙을 가진 학교가 있었어. 경직된 학교 분위기는 교사에게도 적용되었어. 학교에 학부모, 지역사회 주민 등 외부인이 방문하는 행사가 있을 때면 어김없이 옷차림 단속을 했어.

언제, 어떤 행사였는지는 정확히 기억나지 않아. 봄인지 여름인지, 따뜻하고 낮에는 조금 더운 시기였던 것 같아. 하지만 옷 입기를 즐기는 난 그날 내가 무얼 입었는지는 정확히 기억해. 베이지 컬러에 무릎 중간쯤 오는 기장의 스커트에 디테일이 거의 없는 크림색 블라우스를 입었어. 그 위에는 옅은 베이지 바탕에 톤다운된 브라운과 오렌지 스트라이프가 가로로 몇 줄 들어간 V넥 카디건을 걸치고 단추를 잠갔어. 버스에 타서 천장에 달린 손잡이를 잡으려 팔을 뻗으니 치마 안으로 집어넣은 블라우스가 딸려 올라오는 게 느껴졌어. 그때 얼핏 '역시 정장 치마와 블라우스를 입은 출근길은 조금 불편하구나'라는 생각을 했던 것 같아.

학교에 도착해서 임시 교직원 회의에 참석했어. 회의실에 모여서 오늘 행사에 대한 브리핑을 들었어. 회의가 끝나고 자리로 돌아가려는데 부장님이 조용히 나를 향해 손짓을 하시며 살짝 부르시더라. 곁에는 우리 부서의 기획 선생님도 함께 계셨는데, 뭔가 심각한 듯 민망한 표정이셨어.

"어디 한번 봐봐. 아니 뭐가 문제라는 말씀이시지? 뒤로 한번 돌아볼래?"

회의 때 나와 몇몇 교사의 복장을 본 교장 선생님께서 이 옷은 정장이 아니라 하셨단다. 단정하지가 않다는 거야. 나의 부장님은 선하고 좋은 분이라 인간적으로는 참 존경하는 분이야. 하지만 평소에도 상급자의 말이라면 이유 여하를 막론하고 어명처럼 받드는 체제 순응적인 리더이기도 했어. 부장은 어명을 따라야 하는 충신의 고단함이 비치는 표정이었어. 교장 선생님이 그 말을 한 순간 아마 부장님의 머릿속엔 '정장 아님', '단정하지 않음'이 각인되었을 거야. 명령어를 입력한 AI처럼. 그의 머리에 남은 건 신속한 사태 수습뿐.

주변을 둘러보고 내 옷을 다시 봤어. 컬러가 네이비나 그레이, 블랙이 아닌 게 문제인 건가? 치마의 착용감이 좀 타이트해서 그런가? 재킷이 아니라 카디건이라서? 니트 집업 카디건을 입은 남교사도 있더라. 아, 남성 니트 집업 카디건은 정장인 건가? 발목까지 오는 분홍색 롱치마를 입은 교사도 있었어. 기장이 길면 단정은 먹고 들어가는 건가? 그 말씀을 전하시는 부장은 원피스에 볼레로 재킷(당시 유행하던 크롭 기장의)을 입고 있더라고. 원피스는 정장이라고 할 수 있나? 난처한 기색을 숨기지 못하고 좌중을 둘러보던 나와 눈이 마주친 친한 동료 교사. 날 향해 궁금한 얼굴 가장 아래 동그란 입 모양으로 '왜?'를 말하는 걸 봤어.

그 순간 화르르 올라오는, 낯설지만 분명한, 그 마음의 이름은 수치심.

아, 나 지금 교복 치마폭이랑 치마 길이가 애매해서 학생주임에게 불려 간 학생과 같은 건가. 치마 허릿단 접어 올린 거 아니라고 상의를 들어 허리춤을 보여 줘야 하는 건가. 치마 안감에 통 줄인 흔적 없는 결백의 시접선을 보여 줘야 하나.

갑자기 일어난 이 상황이 다 뭔가 싶었어. 당황도 했고 황당도 했지. 기분이 썩 좋지 않은 말을 들었지만, 그냥 해프닝으로 마무리되는 건 줄 알았어. 그렇게 부장님과 기획 선생님과 나, 이렇게 셋이서 답이 없는 이야기를 하고 있는데 교장 선생님이 다가오셨어. 그러고는 대뜸 이제 곧 행사가 시작되고 시간이 없으니, 나보고 집에 가서 옷을 갈아입고 오라셨지. 한마디를 남기고 우리에게 다가올 때

만큼 빠른 속도로 사라지시는 뒷모습을 보니, 교장 선생님도 부장님처럼 원피스에 볼레로 재킷을 입었더라. 아, 눈치게임 실패한 건가. 영화 개봉일 날 무대 인사를 하는 자리에서 연단에 선 모두 무채색 옷을 입었는데 혼자만 노란 옷을 입고 온 배우를 향해 혼자만 의상 콘셉트를 듣지 못하고 온 거 아니냐는 댓글을 본 적 있었어. 오늘 나만 의상 콘셉트 못 듣고 온 건가.

교장 선생님이 전 교사의 집이 어딘지 모르는 건 당연하지. 나의 집은 학교에서 가볍게 왕복할 수 없는 거리였어. 다녀오면 행사가 다 끝나 있을 시간이었거든. 아, 혹시 식이 진행되는 동안 어딘가로 사라지라는 뜻인가 싶었어. 그럼 차라리 어디 특별실 한구석에라도 숨어 있다가 행사가 끝나면 나오라고 하던가. 기획 선생님이 학교 바로 앞에 살고 계셨어. 연령과 체구가 비슷한 편이니 당신 집에 가서 다른 옷으로 갈아입자고 하셨어. 그분께 민폐를 끼치고 있는 게 너무 부끄럽고 짜증이 났어. 일단 행사 시작 전에는 마무리 지어야 할 것 같아서 기획 선생님과 서둘러 학교를 나섰어.

"선생님, 저기 한번 들려 볼까요?"

학교 앞에 작은 상점가가 있었는데, 동네에 있는 크고 작은 옷가게가 몇 개 있었어. 같이 나서 주신 것도 감사한데, 댁까지 들리는 건 대민폐인 것 같아서 혹시 문 연 곳이 있으면 들려 보자고 말씀드렸어. 동물 모양의 심볼을 가진 브랜드. 매일 출퇴근길 보던 가게인데 주로 40~50대 여성을 타깃으로 하는 브랜드였을 거야. 내가 이곳을 들리게 될 줄이야.

아침 10시쯤 되었던 것 같아. 철컹. 매장 안 불은 켜 있는데 문은 잠겨 있더라고. 똑똑, 콩콩. 유리문을 두들겼어. 다행히 오픈 준비 중이었던 사장님이 계시더라. 급하게 문을 열어 달라고 부탁드리고 빠르게 옷을 둘러봤어. 머릿속에 '단정, 단정, 단정'이 맴돌고 부장님과 교장 선생님이 시밀러룩처럼 입은 원피스가 떠올랐지. 마침 네이비 원피스가 있었어. 원래 입는 것보다 한 치수 큰 것만 있었는데 입어 보니 괜찮았어. 단정에 대한 강박과 짜증이 동시에 올라와서 화이트 컬러의 볼레로도 하나 걸쳤어. 입고 있는 대로 가겠다고 말씀드리고 가위로 태그를 바로 제거하고 계산했어.

"홍 선생, 저 그래. 그 옷을 샀다면서."

"아, 넵."

"예쁘고 좋네. 젊은 사람은 아무거나 입어도 다 예뻐서 좋겠어."

"아… 넵."

행사는 잘 끝났다고 해. 여기저기서 칭찬을 많이 받았나 봐. 관리자들이 매우 흡족해했다는구나. 행사가 끝나고 퇴근하려는데 복도에서 마주친 교장 선생님이 저렇게 말씀하시더라. 그 후로 추워서 입지 못하는 겨울을 제외하고 행사 때마다 꽤 오래 그 옷을 입었어. 원피스와 볼레로. 학교가 인정하는 최고 단정한 옷.

전문 직종에게 시간, 장소, 상황에 맞는 의상을 갖추는 TPO 매너는 매우 중요하다고 생각해. 공무원 품위유지 조항이 있는 이유도 알고 있고. 무엇보다 교사는 매일

교실에서 강의를 하기 위해 연단에 서야 하는 강의자이
자 매 순간 말과 태도로 학습자에게 신뢰를 줘야 하니까.
그렇지만 그날 품위가 없었던 사람은 내가 아니었던 것
같아.

내게 옷을 갈아입으라 말했던 교장 선생님은 그 후로
도 교사의 복장에 대한 간섭이 많았기에, 퇴임하기까지 수
많은 에피소드를 적립했어. 자세히는 말하지 않겠지만 교
사의 양말 색깔, 학교에서 신는 실내화의 굽 높이, 청바지
와 하늘색 면바지의 확연한 차이(청바지는 입을 수 없다는 주
장에 대한 논거야), 귓불에서 떨어진 귀걸이 등등.

누군가의 외관을 보고 거침없이 말하는 것은 예의가
결여된, 대단히 무례한 언사라 생각해. 더욱이 함께 정한
적 없이 자신만의 생각으로 세운 규칙을 빌미로 함부로
대한다거나, 열린 공간에서 무례함을 전시하는 행위라니.
자신의 역량을 과시하고 권능함을 행사하는 것이 통솔력
을 갖춘 유능한 교사의 방식은 아니지 않나. 그날 나 말고
도 옷을 갈아입고 올 것을 지적받은 동료 교사가 몇몇 또

있었더라. 글 초입에서 얼핏 말했던 니트 집업 카디건의 남성 교사. 나중에 알고 둘이 어찌나 웃었던지. 행사 때마다 "선생님, 옷이 단정하지 않은데 아무래도 집에 다녀오셔야겠는데요?"라면서 놀리곤 했어.

이 일은 아주 오래된 이야기 같지만, 불과 10년도 안 된 과거의 일이야. 관리자가 자신의 기준에 따라 교사의 복장을 합격과 불합격을 줬다는 나의 에피소드를 보고, 네가 "샘, 우리 학교도 그래요"라는 말만큼은 부디 하지 않았으면 좋겠다.

06   여기 다 큰 교사가 울고 있어요

"말할까 말까 고민했는데… 샘 없는 자리에서 샘 보고 뭐라고 하는 줄 알아? 가식적이래."

글로 적으니 마치 음악 서바이벌 프로그램에 출연한 래퍼가 면전에 대고 디스 랩을 하듯 날리는 날 선 선전포고 같다. 내 귓가에 대고 나직한 목소리로 말해 준 건 내 자리 주변 교사들은 듣지 못하게 해준 배려심에서였을까. 은밀하게 험담이 이루어지는 곳에서 자신은 동조하지 않았다는 나에 대한 의리의 표현이었을까. 근무 시간에 내 자리까지 와서 친히 저 말을 해준 동료의 의도를 어떻게 해석할지. 난 아직도 결정하지 못했어. 내가 그 자리에 없었기 때문이었을 거란 생각도 해. 세 사람만 모이면 그곳에 없는 사람 흉보기는 마치 험담 보존의 법칙처럼 어느 조직에나 망령처럼 돌아다니고 있더라고. 혹은 유행하는 스포츠 같기도 해. 누군가를 뾰족한 말로 찔러서 끌어내리고, 그를 통해 모종의 동지애를 다지는 식의. 대신 인류애는 반납해야 하고.

아직도 교사를 '편한 직업이다', '월급 도둑이다'라 말하는 사람들이 다수일까? 수많은 사건과 사고로 학교와 교사의 민낯이 드러난 요즘에 와서는 철밥통의 신화는 힘을 잃은 지 오래라고 난 생각하지만, 예전의 기류는 좀 다르긴 했어. 정교사일 경우에 해당하는 고용의 안정과 상대적으로 낮아 '보이는' 업무 강도, 여름과 겨울 방학까지. 특별한 업무 형태의 쉽고 나른한 면이 부각되어 학교 밖 사람들이 하는 비난은 곧 나를 살게 하는 힘이 되었어. 내가 미움을 받는 이유는 곧 부러워서이며 질투의 표현이다. 고로 내 직업은 좋은 것.

그때나 지금이나 각각의 현장은 '학교'라는 이름 아래 하나로 묶기엔 사립과 공립, 지방과 서울, 초등학교와 중 고등학교처럼 저마다 처한 현실과 조건이 천차만별이었던 건 같을 거야. 내가 근무하던 곳은 각자도생 그 자체. 교육 과정의 변경과 신규 교사 대거 합류 등 학교는 내외부적으로 과도기를 앓는 중이었어. 구성원이 원해서 만들어 낸 변화는 아니었기에 모두 한두 개씩 불편을 겪고 있었을 거야. 마음이 다친 사람이 병원보다 많아 보였어. 모두 학교 담장은 행복을 들지 못하게 하는 경계처럼 생각했을 것 같아.

교문을 나서야 온몸에 주었던 힘을 풀 수 있었어. 나도 다른 사람들의 아픔에 관심 갖지 않았던 만큼, 곤경에 처한 사람들 구제는 봐도 못 본 척하기 일쑤였지. 어린 교사들의 교육에 대한 열정과 의지를 성공과 명예로 치환하는 방식을 내세우다니. 연차, 연령, 성별, 부서, 교과. 겹치는 게 많을수록 친해지기 어려웠고 서로 너무 다른 영역에 속해 있거나 업무적 거리가 멀수록 가까워질 수 있는 지독한 아이러니가 지배하는 관계 맺기가 정상인 곳. 나의 직장, 나의 학교.

건강하지 않은 조직이라 의사소통의 구조는 불투명했어. 알음알음 믿음직스러운 소통의 동지를 찾아내면 운이 좋은 것. 끊임없이 누군갈 찾아야 했어. 모였다 싶으면 다들 자신이 터득한 눈짓과 손짓, 은근한 비유 속에 암호를 담아 피아를 식별을 하는 듯했어. '인사하는 저 여자 모퉁이를 돌고도 아직 웃고 있을까 늘 불안해요'라는 아이유의 〈스물셋〉 가사가 곱씹어지더라. 너도 알다시피 난 원래 말이 많은 편이 아니고 사람들이 모이는 곳을 피하면 피하지 제 발로 찾아다니는 편이 아니잖아. 그저 직장 동료일 뿐인, 친하지 않은 사람에게 내 이야기를 늘어놓는 성격도 아니고.

비슷한 나이대의 교사들이 퇴근 후 모이는 자리에 한두 번 갔는데 역시 못 하겠더라고. 그래서 그냥 직장에 있을 때 적당히 지내는 방법을 찾기로 했어. 조금씩 살펴보니 나와 같은 포지션을 취하는 동료들도 있더라고. 맡은 업무가 전교생과 전 교직원을 만나야 하는 일이라 사실 사람 만나는 것에 에너지를 너무 빼앗기고 있기도 했어. 있을 때 최선을 다해 친절하고 나이스하게 하기로 했어.

그럼 마치 나에게 빚을 진 것처럼 생각하는 사람들도 있더라고. 그래서 업무상 완곡한 거절이나 혹은 협조를 요청할 때 대부분 좋게 생각해 주시더라고. 그게 가식적이라는 말로 되돌아올 줄은 몰랐지만.

착한 사람, 좋은 사람이 되지 않기로 결심했어. 착하고 좋은 사람들이 곧 만만한 사람으로 낙인찍혀 작은 실수도 부풀려져서 다른 사람이나 조직의 실수의 욕받이가 되는 걸 봤거든. 교무실에서 억울함을 토로하는 그의 목소리가 파티션 너머로 전해 졌을 텐데, 다들 검은 정수리만 보이고 앉아 고개 하나 들지 않더라. 억울한 목소리의 주인공이 내가 되었던 적도 물론 있었지. 자세히 말하면 아직도 남아 있는 억울함이 차오를까 봐 이곳에는 남기지 않을게.

학교에서 작은 실수를 하고 속상해하던 너의 말 속에서 그 당시의 너를 이끌어 주는 이가 하나 없음을 눈치챘어. 혹시나 했는데 역시나 했어. 학교가 학교 했구나. 최연소 임용에 가까운 어린 교사의 성장을 보듬는 선배가 단

하나도 없다니.

"부장 교사는 안 계셨어? 담당 선생님은 그저 가만히 계시고?"

부서의 연장자들의 처신에 대해 되물어 봤었지. 너무 속상해서 아무것도 잡지 않은 손에 빈틈 하나 생기지 않을 정도로 주먹을 꽉 쥐었어. 손바닥에 손톱자국이 깊게 배일 만큼. 학교는 학생도, 교사도 배우고 성장하는 곳이어야 하잖아. 참 잘하고 있다는 격려의 말 한마디, 다음에는 다르게 해보면 어쩠겠냐는 관심의 말 한마디, 선생님 수업에서 아이들이 빛나 보인다는 칭찬의 말 한마디. 지쳐 있는 초임 교사를 반짝하고 살아나게 하는 마법을 부릴 수 있는 쉬운 길을 왜 아무도 나서지 않았을까. 너의 실수를 책망하고 힐난했다는 보직 교사들은 1년 차 교사를 대할 때 갖춰야 할 리더십을 가지고서 그랬을 리가 없지. 아량 따위 발로 뻥 차버린 듯한 그들의 말과 행동이 야속했어.

정말 외롭고 쓸쓸했겠다. 초임 때는 왜 그렇게 하는 일마다 실수로 번져 가고, 아무도 없었으면 하는 상황에 교장 선생님이 오시고, 반 아이들과의 관계는 좋았다 나빴다 시소 타기 바쁘고. 하루 종일 허둥지둥 댔는데 잘한 것 하나 없음을 깨달으며 집에 가는 길, 눈물 꾹 참고 "다녀왔습니다!" 외쳤던 날이 너만큼이나 나도 많았어. 교사가 된 자식이 늘 자랑스러운 부모님에게도 마치 날 때부터 교사였다는 듯 점잖게 굴기 시작했다는 건, 적어도 어른이 되어 가는 방향으로 걷고 있었던 거라 낙관하기로 하고. 너도 그랬을 거라 생각해. 종종 만나 기울이는 술잔에 고개를 푹 박고 눈물을 뚝뚝 흘릴 때, 알았어. 그래그래, 잘했어. 더 울어. 크게 왕 하고 울어 버려.

여기 다 큰 교사가 울고 있어요.
그러니 상냥한 여러분, 부디 모른 척해 주세요.

나는 떠났지만 여전히 일선 현장에 있는 너의 마음은 때때로 벌판에 선 기분일 거야. 열지도 닫지도 못한 마음의 작은 틈새 사이로 들어오는 찬바람을 내내 맞으며. 매일 겨울일 것 같은 그곳에서.

그럼에도 어딘가에 분명히 있을 작은 봄의 흔적들을 찾아내 보자고 말해 볼게. 내가 찾은 방법은 학생들이었어. 지치고 속상해서 좁고 어두운 곳에 스스로를 가두려고 할 때도, 아이들만큼은 나를 늘 밝은 곳으로 이끌어 줬던 것 같아. 속 썩이고 못되게 구는 애들도 물론 많았지만, 아이들은 용서한 만큼 성장으로 되돌려주는 무언가가 늘 있었어. 그리고 나를 단단하게 연마해. 쉽게 상처받지 않으려는 마음을 무장해. 자존감도 지키고. 난 너무 바닥에 가닿으면 '나도 집에 가면 내가 최고라 하는 엄마와 아빠가 있다. 나도 우리 엄마 아빠의 사랑 듬뿍 받고 자란 소중한 자식이다'도 읊조렸어. 너도 해보렴. 널 무한대로 신뢰하는 가족들에 대해 생각하면 가슴이 뜨거워질 거야. 가족에 이어 널 믿는 사람 명단에 나도 포함해 줘. 난 너보다 착한 사람을 보지 못했어. 네가 어떤 선택을 하든 가장 선하고 올바른 것이라 믿고 있어.

너와 만나서 이야기할 때 너를 향해 좀 더 독해져야

한다, 모두를 믿으면 안 된다, 손해 보면 안 된다, 이렇게 얘기하면서 '회사에서는 너무 착하기만 하면 안 돼'라고도 했을 거야. 하지만 너와 헤어지고 다시 곰곰이 생각해 보니 후회가 밀려왔어. 너무 속상한 나머지 너의 근간을 흔드는 말로 너를 더 헷갈리게 한 것 같아. 너와 같은 사람이 만들어 가는 교실과 학교가 더 많아야 해. 조금 돌아가며 아프고 힘들겠지만, 부디 강해져서 선한 선택들이 내일의 너를 만들기를 바라. 더 이상 착한 사람을 그만두지 말기를 바라.

07 달리는 노래방

"그래서, 너 면허 언제 딸 거야?"

우리가 만나서 수다를 떨다 보면 돌고 돌아 내가 너에게 꺼내는 잔소리 시리즈 중 1탄이 저 말이지. 언제부터였더라? 아마 수능을 보고 온 너에게 시간 되면 면허 따라고 한 게 시작이었을까. 그 후 대학교 새내기 시절을 마치고 학생회 집행부가 되어 후배를 받느라 정신없는 널 보고도 그래도 짬 나면 면허 필기라도 먼저 시작하라고 했던 것 같아. 대학을 졸업하고 임용고시를 준비한다는 말을 들었을 때도 내가 그랬을걸? 임용고시 면접 마치면 바로 면허 따라고.

수능을 본 그해 12월 31일 저녁, 오밀조밀한 밥집과 술집이 자리한 동네의 대학가 앞(늘 학원 차를 타고 지나치기만 했고 가끔 콩나물 떡볶이를 먹으러 갔던 그곳) 골목에서 열댓 명의 친구들과 모여 있었어.

"야, 너네 민증 다 챙겼지?"

여름에 태어나서 발급받은 지는 좀 되었지만 지갑의 가장 상석에 고이고이 간직해 둔 주민등록증? 그날 이벤트에서 가장 중요한 아이템이니 당연히 잘 챙겼지. 각자의 언니 오빠들에게 정보를 캐내서 알아낸 술집에 가서 당당히 테이블에 주민등록증을 올려 성인임을 확인받으며 연신 까르르거렸어. 별거 아닌데 하지 말라고 하는, 할 수 없는 일이니 보란 듯이 해보고 싶은 청개구리의 마음이 지금 생각하면 너무 귀엽지. 그런데 사실 난 그것보다 성인이 되면 더 하고 싶은 게 있었어. 바로 운전. 교통카드가 데려다주는 곳보다 멀리, 버스나 지하철을 타고 갈 때보다 빨리, 첫차와 막차 고민하지 않고 문득 생각날 때 훌쩍, 지금껏 누려 보지 못한 짜릿한 추진력을 갖고 싶었거든.

수능이 끝난 후 단축수업을 할 동안 갑자기 생겨 버린 오후의 자유 시간을 활용했지. 당시엔 나처럼 일시적 백수가 된 고3 학생을 타깃 삼아 교문 앞에 운집한 각종 학원 홍보차량 중 운전면허학원 홍보자들도 많이 왔었어. 나를 포함한 친구 4명을 모아 단체 할인을 받고 운전면허학원을 등록했어. 어차피 할 일도 없고 시간은 많으니 필기 문제집 1권을 사서 학교에 있는 동안 넷이 시간을 나눈 뒤 돌려보며 서로 문제를 내주다 아슬아슬하게 합격했지. 당시 '크레이지 아케이드'라는 레이싱 게임이 유행했거든. 친구들과 워낙 열심히 했던 게임이라 그런가, 실기와 주행도 한 번에 별 탈 없이 합격했어.

기세 좋게 면허를 땄던 것과 달리 난 그 후에 운전을 자주 하진 못했어. 당연히 내 차가 없었으니까. 운전을 할 때라고는 친구들과 약주를 기울이고 오신 아버지를 전철역으로 모시러 갈 때 몇 번, 마트를 가는 엄마의 손에 들린 차키를 애원하듯 받아 들고 기사를 자처했던 몇 날, 친구들과 다른 지역으로 여행을 갈 때 잠깐뿐이었지. '장롱면허'란 먼지 쌓인 단어답게 지갑에서 가끔 신분증 검사를 할 때 잠시 볕을 쐬던 내 면허증. 꽤 오랫동안 겨울잠을 자던 나의 운전면허증을 깨운 건 학교에서 교사 일을 시작하며부터였어.

신혼집과 학교가 멀어지며 출퇴근 거리가 늘어난 탓에 살아야겠다는 생각으로 운전대를 잡았어. 붐비는 도로와 주차장에서 민폐를 끼칠까 봐 처음엔 평소보다 30분 빨리 출근해서 널널한 도로를 조심조심 천천히 달려 텅텅 빈 주차장에서 주차 연습을 닮은 실전을 겪었어. 출퇴근 길과 학교 지하주차장 주차는 어렵지 않게 된 건 그리 많은 시간이 걸리지 않더라.

운전을 하게 되니 원래 목적이었던 출퇴근 시간이 줄어들고 붐비는 버스와 지하철을 타지 않아도 되는 것보다 좋은 점이 많았어. 우선, 출장을 가기 편해진 것! 소수의 아이들 인솔하기도 편해지고. 방학 때나 주말에 종종 있던 시외 출장이 부담스러웠는데, 운전을 하게 되니 드라이브 삼아 다녀오면 되겠다 마음을 고쳐먹게 되었지. 그런데 자동차는 운송수단의 기능만 하는 게 아니라, 더 엄청난 능력이 있었던 거 너는 알고 있니?

어느 날이었어. 아침에 가서 어떤 아이를 혼내야 하는데, 한 번에 깔끔하게 잘 하고 싶은 거야. 혼내는 것도 계획을 잘 짜서 잘 하겠다는 마음을 먹고 해야 실수가 없더라고. 전하고자 하는 메시지를 정돈하고, 비언어적 표현이 너무 거칠거나 강하지 않은가 조절도 해보고. 출근하는 차 안, 눈과 손은 바쁘지만 의외로 입은 한가하잖아. 그때부터 아이들에게 아침에 해야 할 말을 혼자 중얼거려 보기 시작했던 것 같아. 그리고 퇴근길에는 그날 마음에 남은 대화를 복기하며, 더 좋게 말할 수 있는 방법을 찾기 위해 중얼거렸지. 차창 밖 세상은 너무나 바쁘고 시끄럽지만 내가 조율하는 속도로 흐르는 차 안은 유독 조용하고 고요했어. 내비게이션이 알려 주지 않는 더 편하고 좋은 길을 찾듯. 정돈되지 않던 마음에 흐르는 말들도 차곡차곡 정리하며 '다음엔 이렇게 말해야겠다'고 다짐했지.

이보다 더 좋을 때가 언제인지 아니? 바로 출근송, 퇴근송을 틀고 신나게 따라 부를 때야. 플레이리스트 만드는 거에 공을 들이는 편인데, 운전을 하고부터 헤드셋은 안녕! 시동을 걸고 출발하는 순간부터 자동차 안은 달리는 노래방이 되었지. 앞서가는 차의 룸미러로 열창하는 내가 보일 수 있지만 뭐 어떠니. 운전하는 사람들 사이에서는 공공연한 비밀이야. 다들 차 안에서 노래를 부른단다. 그래서 아마 이렇게 생각할걸. '뒤차의 저 운전자 오늘 하루 힘들었나 보네.' 시간이 무한대로 연장되는 서비스 빵빵한 노래방은, 때론 헤르미온느의 가방처럼 달리는 짐가방이 되기도 했어. 갑자기 가게 될 출장이나 학부모 상담을 대비해 조수석 바닥엔 구두를 두고, 뒷좌석엔 정장 재킷을 걸어 두었지. 점심시간에 너무 졸릴 때는 슬쩍 지하 주차장에 내려와서 뒷자리에 누워서 10분 졸고 가기도 했어. 교직원 휴게실이 있지만 적당히 쪼그릴 수 있는 공간과 내 물건들이 차 있는 익숙한 차 안이 훨씬 편하더라고. 친구의 반려견이 교통사고로 사망했다는 소식을 듣던 날, 차에 와서 엉엉 울고 아무렇지 않게 화장을 고친 후 교무실로 돌아가기도 했지.

난 여전히 운전하는 걸 좋아해. 이젠 학교에 있을 때

보다 더 자주, 더 먼 곳을 향해 달리곤 해. 차를 타고 남쪽까지 내려가 바다 끝에 닿은 후 차들이 몇백 대나 실릴 만큼 큰 배에 차를 싣고 제주도도 가곤 한단다. 운전을 하며 맞닥뜨리는 나의 세상은 이렇게 또 멀고 아득해지고 있어.

너는 요즘 어떠니. 달리는 노래방이 절실히 필요하진 않은가 몰라.

그래서, 너 면허 언제 딸 거야?

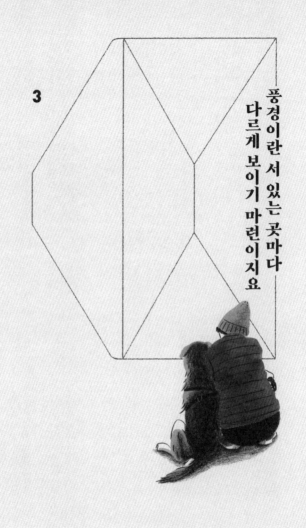

3

풍경이란 서 있는 곳마다
다르게 보이기 마련이지요

01   그러니까 여태 기간제를 하고 있는 거야

몇 년 전에 방영한 〈블랙독〉이란 드라마 봤니? 사회 초년생 기간제 교사가 사립 고등학교에서 자신의 가치관을 지키며 살아남기 위해 고군분투하는 이야기인데, 시청률이 높은 편은 아니었지만 화제성이 높았고 웰메이드 작품이라며 대체로 평이 좋았나 보더라고. 현직 교사가 쓴 대본이라 등장인물이나 에피소드, 배경 묘사가 매우 사실적이라고도 하고. 난 보진 않았지만 친구들이 있는 톡방을 통해 드라마 속 몇몇 에피소드를 접했어. 그걸 보며 학교와 관련 없는 직업을 가진 친구들은 공감하거나 분노하거나 거짓말 같다거나 하는 등 여러 반응을 쏟아 냈지만, 정작 난 아무런 감흥이 없더라. 드라마의 내용보다 친구들이, 시청자들이 놀라워하는 그 반응이 더 놀라웠어. 그 드라마에 나온 이야기 대부분 어제와 오늘, 어쩌면 매일 일어나는, 내가 학교에서 자주 마주했던 평범한 일들이라.

오래달리기를 하면 끝 무렵에 입안을 맴도는 비릿한 피 맛을 떠올리게 하는 교사가 있었어. 기간제 교사로서 근무한 두 번째 학교에서 함께 근무한 교사 A. 그는 20대였던 나와 비슷한 또래였는데 벌써 교무부 기획 교사를 몇 해째 하고 있었어. 꽤 이른 나이에 정교사에 임용되었다 하더라고(당시 내가 근무했던 곳은 어느 정도 연차가 쌓여야 교무부의 기획 교사가 될 수 있었어). A의 자리는 본 교무실 가운데에 있어서, 오며 가며 그의 뒤통수를 자주 볼 수 있었어. 그는 모니터 바탕화면 한쪽 귀퉁이에 늘 스포츠 중계 화면을 틀어 놓더구나. 어느 날은 농구, 어느 날은 축구, 어느 날엔 마라톤.

어느 날 아침, 난 전력질주 중이었어. 열심히 뛰고 또 뛰었지. 그런데 알고 보니 마라톤에 참여한 거라는 거야. 내가 신청한 적도 없음에도 태어났을 때 자동으로 신청이 되었다나 뭐라나. 명확한 골인 지점으로 들어와야 하는 거고 기록과 순위가 매우 중요하다 해. 그런데 맙소사. 난 계속 뛰긴 뛰었는데 그동안 출발 라인 바깥에서 열심히 뛰기만 했던 거야. 출발 총성은 울린 지 이미 오래고. 42.195km 중 체감상 이미 42km는 달린 것 같아. 지쳐서 숨이 차고 시야가 흐릿해졌지. 저만치에서 작은 점이었다 사람의 형상으로 변하며 골인 지점으로 들어오는 사람들이 보여. 자세히 보니 그 점 중 하나가 A였다는. 그런 악몽. 혼자 상상했었어. 그래서 그를 볼 때마다 그렇게 피맛이 났던 걸까.

A와는 업무적으로 직접 부딪힐 일이 없었지. 그렇지만 그는 늘 교내 인기 급상승 에피소드의 주요 등장인물이었어. A의 무례한 태도에 점잖기로 유명한 교사가 처음으로 언성을 높여 화를 냈다는 이야기, 건실한 젊은이가 여태 짝이 없는 게 말도 안 된다며 교장이 열심히 A를 위한 선 자리를 알아봐 주고 있다는 이야기, 수업 중 학생에게 상스러운 욕을 하고는 농담이었다며 퉁 쳤다는 어이없는 이야기, 사석에서 교무부장을 형님이라 부르고 둘은 의형제를 맺을 만큼 돈독하다는 이야기, 회식이 끝나면 장감

과 부장들의 대리운전을 자처한다는 이야기, 하지만 또래 교사들과 술을 마시면 고개를 절레절레하는 주사를 부린다는 이야기.

소문은 소문일 뿐 곧이곧대로 다 믿지는 않았지. 그렇지만 한 학기가량 지나고 나니 나 역시 A를 겪으며 알게 되었어. 강자에겐 약하게, 약자에겐 강하게. 그래, 맞아. 그는 '강약약강'이란 말을 인간화한 사람이었어. 그리고 난 앞구르기를 하며 봐도 그 학교에서 '약 of 약'이었고.

최약체로서 정신 승리라도 하기 위해 '똥이 무서워서 피하냐 더러워서 피하지'라는 격언을 마음에 품고 슬쩍 A와 거리를 뒀어. 시간이 흐르며 A의 캐릭터는 더욱 구체화되어 갔지. 자신보다 약자라고 생각하면 그 누구에게나 예의가 없는 사람이었지만, 기간제 교사에게 유독 야박하게 구는 걸 몇 번 보게 되었어. 아니겠지, 기분 탓이길, 내 자격지심이길, 오해이길 바랐지만. 결국 쐐기를 박는 사건이 벌어졌어.

원래도 정신없지만 한창 고사 기간이 되면 본 교무실은 평소보다 더 분주해지잖아. 종이 치면 교무실 한편에 대기한 교과 담당 교사에게 OMR 답지를 전달하고, 다음 교시 감독을 들어가기 위해 시험지 뭉치를 챙기고, 날인용 도장과 펜도 챙겼나 확인도 해야 하고. 그때 보면 각자의 목적지와 순서에 맞게 빠르게 움직이는 교사들은 리허설을 하지 않은 채 숏에 들어가도 깔끔하게 동선을 정리할 줄 아는 베테랑 배우들 같아. 아무튼 그때 난 서술형 답지가 있는 과목의 감독을 마치고 온 상태였어. 교무실 한가운데에 있는 테이블에서 천공기를 활용해 서술형 답지를 철하는 중이었어.

"그러니까 여태 기간제를 하고 있는 거야. 알겠어?"

어수선한 상황 속에서도 누군가의 가슴에 세게 박힐 말은 내 귀도 따끔 찔렀어. 그 말이 다른 말을 모두 교무실 밖으로 밀어냈나 봐. 시끌시끌하던 교무실에 한순간 정적이 찾아왔어. 모두들 손은 그대로 분주한 상태에서 고개만 좌우로 돌리거나 목을 쭉 뺐어. 이 소리 어디에서, 누가 한 말인 거야? 교무부 쪽 천장에 어두운 아우라가 있더라. A가 누군가를 향해 윽박지르고 있었어. 그 사람은 오랫동안 여러 학교에서 기간제 교사를 해온, 나이가 조금 많은 교사였어. 방금 전 감독을 들어간 교실에서 뭔가 일이 있었나 봐. 주변에 있던 사람들이 A를 말렸고, 그 말을 들은 교사는 그 자리에 서서 멍한 표정으로 서 있었어. 표정의 변화 없이 소리 하나 내지 않고 눈물만 볼을 타고 흐르고 있었어. 본인이 운다는 걸 자각하지 못했거나, 참으려 했지만 눈치 없는 눈물이 속절없이 눈 밖으로 밀려났거나. 일을 하며 많은 학생을 위로했지만, 동료를, 어른을 위로하는 건 여전히 잘 못해. 어쭙잖은 위로의 말보다 모르는 척하는 게 세련된 어른이라 배운 비겁한 나.

어느 날, 나이스에서 상장 일련번호를 따고 업무 상신을 해야 했어. A와 메신저로 이야기하며 업무 협조를 한 뒤 나이스 상장 대장에 기입했어. 그런데 하고 보니 나와 동시에 다른 선생님이 동시에 같은 업무를 진행하고 계셨던 거야. 나와 그 선생님이 입력한 상장의 번호가 뒤죽박죽이 되었어. 큰일 났다 싶어 서둘러 그 선생님과 통화를 한 뒤 교무실로 내려가 A 자리에서 만나기로 했어. 나와 동시에 상장 대장을 기입한 선생님은 40대가량의 학년부 기획 교사였어. 삼자대면처럼 나, A, 40대의 선배 선생님 셋이 이야기를 하며 일의 자초지종과 해결 방안을 이야기 하던 중이었어.

"그러니까 네가 잘했어야지. 이게 뭐야. 너 때문에!"

문득 TV를 켰는데 마지막으로 설정해 놓은 볼륨이 생각보다 컸던 거야. 예상보다 너무 큰 소리가 나 순간 깜짝 놀랐던 적 있지? 자리에 앉은 A는 서 있는 나를 보며 쩌 렁쩌렁한 목소리를 발사하듯 말했어. 아마 '강약약강'적으로 상황을 보니 이 일의 잘못은 그냥 내가 되어야 하는 거로 결론을 낸 건가 봐. 내 잘못이 아닌데 나에게 뒤집어씌 우려는 것 같은 뉘앙스의 대사를 엄청 큰 목소리로 하더라고. "이 일은 홍 선생 잘못입니다, 여러분!" 교무실에 있는 사람들 다 들으라는 듯. 너는 알지? 내가 눈물이 얼마나 많은지. 난 어릴 때부터 누군가 소리를 지르면 무서워서 눈물부터 흘리는 쫄보였어. 눈물아, 안 돼. 나오지 마.

어른들의 세상에서는 눈물 보이면 바로 KO패잖아. 어릴 때 놀이터에서 치고받고 싸우다 코피 흘리는 사람이 자동으로 패배자가 되는 것처럼. 이번엔 절대로 지고 싶지 않았어. 공공의 적 '강약약강', 너에게만큼은!

"왜 소리를 지르세요. 누군 소리 못 질러서 안 지르나. 샘이 쿨메신저 보낸 거나 다시 읽어 봐요. 뭐라고 썼나."

복식호흡을 배워 둔 걸 이때 처음 쓴 것 같아. 힙합 음악을 좋아했던 전력도 펀치라인을 갖춘 가사를 한 번에 뱉을 수 있는 순발력을 준 거겠지? 순간 있는 힘껏 큰 소리로 저렇게 말하고는 뒤돌아서 걸었어. 교무실 문을 닫고 복도에 섰는데 다리가 풀려서 후들후들거렸어. 귓가엔 둑둑둑둑둑 하는 소리가 나고. 무슨 소리인가 했더니 내 심장 소리였어. 순간 너무 긴장했더니 '두근두근'이 '둑둑'이 되더라고. 눈물이 날까 봐, 지하주차장으로 내려와 차 안으로 대피했어. 아이고, 내가 미쳤구나. 미친개를 물어 봤자 같이 미친개 되는 건데. 교무실에 몇 분 안 계시긴 했지만 보는 눈, 듣는 귀도 있었는데.

그런데 자리에 와서 모니터를 보니 상태창 하단에 반짝 반짝이는 메시지. A에게 온 거였어. 미안, 잠깐. 미안합니…다? 나랑 선배샘이 동시에 할 걸 생각 못 하고 그냥 둘에게 모두 바로 기입하라고 메시지를 보냈다는 거야. 나도 곧장 그에게 날카롭게 말해서 미안하다고 했어. 이 일이 있고부터 A는 나를 친한 듯, 불편한 듯 대하게 되었어. 심지어 직장에서 함께 업무를 하기에 그리 나쁘지 않은 사이의 동료까지 되었어.

학교 리모델링 TF 회의에서 석연찮은 화법으로 기간제 교사인 너에게 잘못을 떠넘긴다는 부장이 있다고 했잖아. 누구보다 그 프로젝트에 진심이라 사활을 걸고 몰두했던 널 나는 알기에 교묘하게 불쾌하고, 우아하게 괴롭히고, 은밀하게 보복당하던 기간제 시절의 일들이 파도처럼 밀려왔어. 너에게 편지를 쓰다 보면 나도 몰랐던 내 안에 멍울진 상처가 아프고 쓰려 와. 새살이 돋기 전에 계속 쓸리고 갈려서 아물지 못했던 걸까. A를 보며 느꼈던 피맛은 제때 지혈하지 못한 그 마음속 상처에서 올라오던 것이었을까. 그래도 그때의 기억을 두들기며 더 강하고 또 유연하게 담금질해서 지금의 날 만들어 가고 있는 중이야.

아직 남은 내 상처를 보여 줄 테니 너도 너의 상처를 보여 주렴. 우리 같이 돌보고 함께 아물자.

02   나도 갈 수 없었던 그 회식자리

안녕하세요 20××학년도 여교사회 회식이 있습니다.

아래 일시와 장소를 확인하시어 꼭 참석하시기 바랍니다.

—일시 : 20×× 년 3월 ××일 오후 ××시

—장소 : ××회관

—안건 : 작년도 회비 결산 및 신입회원 소개

신규 시절이라 더 정신없던 3월 초, 같은 부서도 아니고 교과도 다른 한 중견 여교사분께 쿨메신저가 왔어. 수신자 명단을 대충 훑어보니 학교에 근무 중인 여자 교사들만이더라고. 아마 이 학교는 근무 중인 여교사면 여교사회라는 것에 자동으로 가입이 되는 거였나 봐. 주변에 있던 같은 신규 여교사와 "이런 게 있었나 봐요. 신규고 처음이니 시간 비워 두고 참석하는 게 도리겠지요?"라며 나직한 목소리로 갑작스러운 모임 참석에 대한 당황과 부담을 나눠 가졌어.

회식 날이 되어 하던 일을 정리하고 주섬주섬 짐을 챙겨 나갈 준비를 했어. 교무실 이곳저곳에서 꿈틀거리는 움직임이 있더라. 남자 선생님 중에는 "아 오늘 여교사 회식이지요? 남교사는 어제 했어요"라며 아는 척하시는 분도 계셨어. 회식 또한 업무의 연장선상에 있으니 비록 교무실을 칼퇴하지만 순수한 칼퇴가 아님을 다들 아시겠거니 싶어 당당하게 나갔지. 주르륵 나가는 동료들 서넛과 섞여서 교문을 나왔어. 좀 아까 같이 나오는 줄로만 알았던 한 선생님이 안 보이셔서 내 옆을 걷던 선생님께 슬쩍 물었어.

"어? 김○○ 샘은 같이 안 나왔어요? 아까 자리에 있던데."
"아 홍샘. 그분은 회식 안 가."
"무슨 일 있으신가 봐요?"

아니. 내가 찾은 김샘은 오늘 이 회식을 하는지 모르

셨을지도. 왜냐면 여교사회 회식은 '여자 정교사'만 참석하는 거였거든. 그제야 회식 시간 즈음하여 하나둘 들썩이다 어정쩡하게 나오는 분위기였던 교무실에서 나보다 더 어리둥절해 보였던 옆 블록의 다른 여교사분의 표정의 의미를 알았어. 함께 걷던 이들 대부분 신규 교사여서 갑작스럽게 알게 된 사실에 다들 나만큼이나 놀란 눈치였어. 그렇지만 그보다는 회식자리에 도열해 있을 까마득한 선배 교사들과의 부담스러울 첫 대면에 대한 긴장감이 차올랐기에, 회식자리 참석자의 조건에 대한 미묘한 불쾌함은 잠시 잊었어.

식당에 도착하니 4인용 좌식형 테이블이 2, 3개씩 길게 붙여진 작은 룸으로 안내받았어. 먼저 온 순서대로 앉았는데 신규들은 역시나 마지막에 왔던지라 한쪽 테이블을 차지하고 앉게 되었지. 우리가 오자 작년도 회장과 총무를 맡은 선생님들이 인사를 하시고 올해의 여교사회 임원 교사를 소개하셨어. 두 분께서 인사를 한 뒤 프린트해 온 유인물을 나눠 주시며 안건과 회비에 대해 설명하셨어.

"어머, 유인물이 모자라네~ 한두 장 여유 있게 출력해

왔는데. 미안, 좀 불편하겠지만 못 받은 분들은 두세 분이 같이 보셔요."

종이에는 별 중요한 내용이 있지는 않았어. 그냥 형식상 회칙을 지켜 이행하기 위해 준비한 것 같았거든. 신규 교사 소개를 하고 회비는 월급에서 자동으로 얼마씩 나간다는 걸 알려 주는 것과 함께 전달사항이 마무리되었어. 그러자 타이밍 좋게 방의 미닫이문이 열리며 주문한 식사가 나오기 시작했어.

"어, 돌솥밥이 왜 모자라지? 우리 〇〇명 맞지 않아?"

불고기는 테이블에 있는 레인지에 세팅이 돼서 몰랐는데 1인당 받아야 하는 돌솥밥이 모자란 거야. 그제야 마지막에 온 젊은 여교사 무리들이 자리에 앉으려 했을 때, 남은 자리가 4인 테이블 하나뿐이었던 게 생각났어. 제시간에 왔지만 늦게 온 것 같아서 부랴부랴 6명이 다닥다닥 붙어 앉아서 좁은 줄도 몰랐거든. 웅성거리는 사이에 우연히 내 맞은편에 앉은 선생님의 안색이 하얗다 못해 잿빛이 되어 가는 걸 봤어.

'아…'

그분은 기간제 선생님이었어. 나와 같은 교과라 이야기를 나누다 임용고시에 대해 이야기했던 게 생각나. 올해도 2학기에는 공부를 할 수 있는 여력이 되면 좋겠다고 했거든. 자신의 첫 데뷔와 같은 자리인데 뭔가 꼬인 게 속상하신 듯 앞쪽부터 인원수를 체크하는 총무 선생님의 목소리가 들렸어. 아무 말 하지 않았지만 우리 테이블 회색빛 얼굴의 선생님, 옆 테이블의 또 다른 선생님, 당황한 나와 눈이 마주친 나와 비슷한 표정의 동료 선생님, 두리번거리다 무언가 깨달은 내 옆자리 선생님. 대부분 상황을 이해한 듯했어. 누군가,

"선생님, 저희 어차피 하나 다 못 먹어서 나눠 먹으면 될 것 같아요."

그 뒤 무슨 이야기를 어떻게 했더라. 불고기고 돌솥밥

이고 제대로 얽혔던 건 기억나. 작은 교무실에 있던 신규 선생님이 여교사 회식이라는 메시지를 보고 같은 실에 있던 선생님을 다 함께 모시고 온 거였어. 그분은 그분대로 불편한 상황을 만들어 눈치 없는 신규가 되었다며 걱정 한가득이었지. 잘 모르고 그 자리에 함께 온 두세 분의 기간제 선생님들은 어떤 마음이었을까.

'신분이란 어떤 위계화된 구조 안에 있는 고정된 위치들이 아니라 무리 짓고, 사회 공간을 점유하고, 경계를 만들며, 배제하거나 포함시키고, 자리를 주거나 뺏는 어떤 운동의 효과이다.'

김현경의 『사람, 장소, 환대』라는 책에서 읽은 문장이야. 난 그 순간 어떤 위치를 점유하기 위해 경계를 만들고 누군가를 배제하는 '무리' 안에 있었던 거겠지. 부끄럽고 속상했지만 몇 년간 기간제를 하며 그 무리에 포함되기를 선망 아닌 선망을 해온 사람이었기에, 그들이 자신의 자리를 지키는 방식이란 이런 건가, 라며 쉽게 수긍하고 포섭 당했어. 너에게나마 어리석었던 시절의 참담한 마음을 고백하며 면죄부를 얻어 보려 하는 건 위선이겠지. 그럼에도 누군가에게, 어딘가에 남기고 싶어. 나는 너무 나빴어. 그때로 돌아갈 수 있다면, 사람 수를 재차 확인하던 총무 선생님보다 더 큰 목소리로 우리가 했던 옹졸함과 치사한 선긋기에 대해 말할 거야. 꼭.

03   우리는 그저 작은 평교사일 뿐이라고요

학교에서 수완과 처세와 눈치라는 건 언제나 등 뒤에 찰싹 붙이거나 주머니 속에 잘 넣고 다녀야 하는 덕목이더구나. 이것 중 하나라도 놓치는 일이 발생하면 수완, 처세, 눈치가 가진 원래 의미의 세계관 확장이 일어나. 교사로서의 자질 혹은 능력이 부족하다는 말이 소환되기도 하고 연차에 맞춰 사회적 지능이라는 것도 함께 상승해야 옳은 게 정설처럼 돌곤 해. 신규 업무를 잘 수행하는 것보다 잘 거절하는 게 더 큰 능력이 될 때가 있어. 학생 상담을 빠르고 신속히 마치면 교사로서 멋진 스킬을 발휘했다고 부러움을 사기도 해.

서로의 능력과 자질을 삐딱하게 바라볼 수밖에 없는

건 학교 안에 은연중에 자리한 서열 때문 아닐까 생각해 봤어. 법적으로 카스트 제도가 폐지된 인도에도 곳곳에 관습처럼 계급 사회의 흔적이 남아 있다고 하더라고. 영국이나 태국 같은 나라에도 상류층, 상위층 같은 개념을 사회 구성원이 공유하고 있다며. 학교도 비슷한 것 같아. '관리자, 부장을 제외하면 우리 모두는 평교사'라는 말은 내가 애용하던 농담이었어. 말할 때 자조 섞인 미소 추가가 필수야.

학교 민원 평교사들이 떠안아, 교장·교감이 1차로 책임져야

"장학사가 평교사로?" 교육청 인사 파장 확산

23년 차 평교사가 승진 안 하려는 이유

포털 사이트에서 '평교사'로 언론사의 기사를 검색해 보니 저런 제목이 나왔어. 읽어 보진 않았지만 제목만 봐서는 밝고 명랑한 내용을 기대하기 어렵고, 어딘지 외롭고 쓸쓸한 이야기가 들어 있지 않을까 싶더라. 교장이나 교감, 장학사 부류와 반대편에 서 있는, 수는 훨씬 많은데

힘을 다 합쳐도 대척하기 힘든 사람들이 패배감으로부터 숨고 싶을 때 쓰는 이름 같아 보여. 근무 내내 평교사였던 난 어느 해에도 평범한 교사도, 평등한 교사도 되어 본 적이 없었어. 사실 관리자와 평교사 외에도 학교 내부의 교사 사회에는 훨씬 다양한 위계가 존재하긴 해. 내가 근무한 몇 개의 학교에서의 경험을 토대로 학교 안에 존재하는 보이지 않는 서열에 대해 정리해 봤어. 하하하. 너무 진지하고 우울해질 수 있으니 일단 한번 크게 웃어 보고 시작.

첫째, 교장과 교감 선생님

관리자. 주로 별실에서 근무(교장은 개인실, 교감은 제일 여유로운 교무실 한쪽에 파티션으로 막아 놓은 공간 이용). 업무량에 비해 책상 사이즈가 큼(부러움). 교육청 주도 사업 시, 업무 분장 시 등 특정 상황에서 불합리와 막말의 힘 폭발. 수업도, 담임도, 행정 업무도 맡고 있지 않지만 발언권 가장 셈. 둘은 학교 상황에 따라 협력 관계도, 원수지간도 될 수 있음.

둘째, 부장 교사

물론 부장 교사라고 다 같지 않음. 행정 1, 2팀인 교무와 연구가 원투탑 권력을 가짐. 남은 분들은 학교마다 조금씩 다른 듯. 교감으로 가려 사력을 다하는 야망가라면 부서의 성과를 위해 부원들을 달달 볶을 수 있음. 가끔 일만 죽어라 시키려고 만든 새 부서에 끌려온 불쌍한 젊은 부장 교사도 더러 있음.

셋째, 원로교사

세상이 변했다 해도 여전히 현장에선 건재한 호봉의 힘, 짬의 힘. 교장 혹은 교감 선생님과 막역한 사이라면 그들의 눈과 귀가 되어 학교의 주요 가십을 전하거나 관리자가 무리하게 진행하는 사업에서 좋게 좋게 하자고 거드는 여론을 형성하는 것 등으로 모종의 거래를 한 사이. 베네핏으로는 꿀정보 먼저 입수, 기피업무 선정 시 면책 특권 등이 있음.

넷째, 주요 교과 교사

국영수 교사. 아무도 영수국, 수국영이라 하지 않듯, 사람들 입에 붙어 있는 순서가 마음속 내재된 순서일 것. 교과 관련 협의회나 행사, 시수 배정, 충돌할 때마다 주요 교과 교사가 은근히 좋은 것을 선점하는 일이 자연스럽게 이루어지곤 함.

다섯째, 담임 교사

여기부터는 사실 나눠 가질 권력이 없음. 요즘엔 학부모나 학생 등과 깊게 연을 맺는 게 탐탁지 않아 대부분의 교사가 담임 맡기를 기피함. 그래도 교사는 담임이지, 수업이지. 같은 상징성으로 남은 분류보다 한 단계 높였을 뿐 실질적인 차이는 거의 없음. 심지어 잔업무량은 폭발인데 그에 합당한 대가를 받지 못함.

여섯째, 비담임 교사 & 비교과 교사

위치가 애매해서 주로 잡무 담당의 가능성 높음. 학교 행사 시 주차 관리, 학부모 응대, 귀빈 접대 업무 우선순위가 됨. 행정 업무에 따라 부서 기획을 맡은 비담임 교사가 아주 가끔 큰 소리치는 걸 보긴 했지만, 업무량이 그만큼 많아서 악에 받쳐 나오는 신음인 경우와 혼동되기도 함.

일곱째, 기간제 교사와 시간제 강사

담임교사나 기피하는 행정 업무가 폭탄 돌리기처럼 돌고 돌아 결국 떠맡게 되는 경우 허다함. 업무 분장 전까지, 혹은 새 학기 시작 당일까지도 업무가 바뀜. 사립학교의 경우 보직 교사들의 정교사 라이팅 심함. 교무실 자리 배정, 교과별 시수 지정, 지정 주차일 경우 주차장 자리, 자율학습 감독 로테이션 등 사소한 것까지 손해를 보는 경우가 너무 많아서 나열하기 좀 창피할 정도.

ㅡ이 중 2개 이상 포함되는 교사인 경우 하위 그룹에 속함(예, 2학년 1반 담임을 맡은 국어 기간제 교사는 일곱 번째 그룹이다).

ㅡ이 진부한 권력관계에서 초연할 수 있는 진정한 권력자 그룹인 이사장의 친인척 라인의 교사(사립학교의 경우만 해당)는 열외.

―초임 교사, 연차가 낮은 교사는 누구나 한 번씩 지나가는 자리라 제외. 정교사도 기간제 교사와 대비될 때 반사이익을 얻는 자리이므로 제외.

❖❖❖

몇 번의 기간제 교사 근무, 공립과 사립학교에서의 경험, 정교사가 되고 나서 바라본 것들까지. 얼추 10여 년의 기억과 경험을 토대로 쓴 거지만 학교급, 지역, 규모, 교육과정 등 일선 학교가 처한 상황마다 조금씩 다르긴 하겠지. 학교에 있을 땐 저 견고한 카르텔 안에서 벗어나 본 적이 없었어. 기간제 교사일 때 받았던 상처를 누구에게 돌려주진 않았지만, 특별히 질서를 거스르려 하지 않고 묵묵히 따를 수밖에 없는 순간엔 늘 빠짐없이 치욕스러웠어.

어떤 부당한 대우를 내 힘으로 피해 봤자, 결국 누군가에게 이 부당함이 돌아갈 걸 아는 것으로 인한 죄책감도 쌓이는 연차보다 더 빠르게 쌓였지. 그럼에도 난 또 네가 서 있는 일선 현장이 조금 더 나아져 있기를 바라는 모진 희망을 품고 있었단다. 퇴근을 한 네가 발갛게 부은 눈으로 맥주 한 잔 사달라며 우리 동네에 왔던 저녁 전까지. 끝까지 듣지 않아도 다 알 것 같은 진부한 이야기를 들으며, 네가 더 단단하고 강해져야 한다고 다독였지. 돌림노래처럼 10년 전, 5년 전에도 있었던 에피소드가 사라지지 않고 계속 만들어질까. 아마 또 울게 될 일이 생기겠지만, 다음엔 울지 말고 천천히 얘기하렴. 다 들어줄게.

04   선생님, 지금 수업을
빠지라는 말씀이세요?

기간제 교사로 일할 때야. 연구부의 막내 라인이었는데 어느 날, 우리 부서에 커다란 폭탄이 떨어졌어. 지금은 어떤 형식으로 변했을지 모르겠는데, 내가 근무할 때는 교육부가 주최하는 교육과정 우수학교 공모전이란 게 있었어. 전국 17개의 시, 도 교육청에 소속된 학교들이 각자의 교육과정을 보고서로 작성해 심사를 받아서 교육부장관 표창을 받는 거였지.

당시 주변 학교와 동료들 사이에서 이 공모가 나름 악명이 높았는데, 가장 어려운 점으로 꼽히는 것이 방대한 양을 작성해야 한다는 것이었어. 교육과정이라 해도 학교 단위별로 특색을 갖추고 운영하는 것들이 있잖아. 예를 들어서 진로연계, 창의체험, AI 교수학습, 범교과처럼 영역을 나눈 교육과정 말야. 근데 이 공모는 학교에서 운영하는 모든 교육과정을 취합하여 상술한 뒤 보고서를 작성하는 거라 예전 사례를 보니 보고서의 분량이 장난 아니었어. 그리고 깔끔하고 정제된 방식의 문서를 작성하기 위해 사용해 온 한글 프로그램이 그렇게 화려하고 다채로운 구현을 할 수 있는 것이었는지 처음 알았단다.

교장 선생님의 열정으로 가득 차 훈기가 도는 교장실로 연구부 부원 모두가 소집되었어. 대체 교장 선생님은 이 공모에 왜 이렇게 불타오르셨던 걸까. 우리 학교 교육과정에 이렇게나 자부심을 가지고 계셨을 줄이야. 어디 가서 절대 빠지지 않는 우리 학교도 전국 단위로 재평가를 받을 때가 마침 지금이라셨어. 왜죠. 교장 선생님의 영광의 시대는 왜 지금인 거냐고요. 점점 이 폭탄을 처리해야 하는 건 우리임을 확신한 것은 상석 바로 아래 앉아서 교장과 아이컨택을 하며 연신 고개를 끄덕이는 강한 공감의 제스처를 쏘고 계신 부장님의 동그란 뒤통수를 볼 때였지.

교장실을 나온 후 동료들과 눈빛을 나누며 낮게 읊조렸어. '아 망했다. 제대로 꽂혔네.' 당시 그 학교의 분위기상 어떤 일에 관리자가 소위 꽂히면 설득도 조율도 못 했어. 일단 하는 시늉이라도 해야 하고, 적당한 때를 봐가며 정리하든지 하는 등으로 후일을 도모해야 하는 최악의 상황. 어쩐 일인지 교장의 열정에 잔뜩 감화된 부장님이 부원들의 어깨를 두드리며 한번 잘 해서 우리도 표창 한번 안아 보자며 격려하셨어. 사실 내 앞가림도 잘 못하던 초보 교사였는데 교육과정 공모가 뭔지 알았겠니. 더군다나 순진한 시절이라 어쩌면 이 일이 학교 구성원에게 유의미한 것일지도 모른다고도 생각했어.

부장님의 진두지휘하에 연구 기획 선생님이 작성해야 할 보고서의 개요를 대략 짜서 내용별로 나눈 뒤 부원들에게 한 꼭지씩 나눠 주었어. 내용을 파악한 뒤 실제 운영하고 있는 동료 교사에게 실행 계획서나 결과 보고서 등의 문서와 활동 사진과 영상 등의 자료 제출에 대한 협조 요청을 드렸지. 조직에서 자료 제출에 대한 협조와 취합이 생각처럼 잘 되지 않는 걸 너도 알 거야. 다들 자신들의 일로 바쁜데 불쑥 연락드려서 우리가 필요한 자료를 달라고 요구하는 것이니 말이지. 연구부에 떨어진 폭탄에 대한 내부의 의견도 갈리기도 했어. 다른 일도 많은데 그런 건 부장이 판단하여 교장을 설득해야 했다는 말, 부장이 자리 욕심이 생겨서 교장의 라인을 제대로 타려고 했고 순진한 부원들은 둘의 욕심에 이용당하고 있다는 말, 우리 학교의 교육과정이 정말 내실 있고 자랑할 만한지 먼저 돌아봐야 하는 거 아니냐는 말 등등.

제출 기한이 2학기 때라서 여름 방학 동안에도 출근해서 방과 후 수업을 한 뒤 모여서 자주 회의를 했어. 이때쯤 부원 중 한 분이 부장님과 반목하셔서 이 일에서 빠지겠다고 선언하셨던 것 같아. 남은 부원들도 조금씩 화가 쌓이는 중이었는데, 부장님이 보고서의 내용보다 형식과 디자인에 너무 신경을 쓰셔서 자꾸 양식을 바꾸려 하시는 거야. 예를 들어 개조식으로 작성하는 부분에서 나열한 정보 앞에 붙는 큰 동그라미 1, 2, 3의 색을 파란색으로 했다가 초록색으로 수정하자는 식의 디테일한 디자인의 수정을 몇 번씩 요청하셨어. 부장님 호출이 오면 '또 왜 어떤 컬러와 폰트를 바꾸라 하시려나' 싶어 미간에 인상부터 잡혔지.

　새롭게 알게 된 일도 있는데, 부장님이 글쎄 한글 문서로 표도 하나 작성할 줄 모르시는 거야. 공강 시간이 되면 자리에 오셔서 의자를 붙이고 앉으신 뒤, 내가 수정하는 한글 문서를 함께 보시며 옆에서 "이 표 음영을 주고 폭을 5mm 넓혀라. 저 표제는 자간을 키우고 그림자 효과를 줘라"라고 하셨어. 정작 중요한 내용에 대한 피드백을 주지 않으시고는, 담당 교사와 협의하여 결정하거나 작성을 맡은 연구부원이 자의적으로 해석해서 결정하라고 하셨고. 디자인을 계속 수정하고 보고서의 순서를 바꾸고 부장님 말씀대로 하며 최종, 진짜 최종, 진짜 최최종끝 이런 식의 파일명을 가진 보고서가 늘어났지. 그런데 어느 날 보니 정말 충격이었어. 거의 마지막 수정이라고 생각한 '진짜완전끝최최최종' 버전의 보고서 양식이 초반에 작성한 것과 거의 비슷한 거야. 우리 그동안 뭐 하고 있었던 걸까.

그것보다 더 화가 났던 일은 제출일이 임박하자 부장님은 공강 시간과 수업 시간을 구분 짓지 않고 자주 호출하셔서 보고서를 수정하라고 하셨어. 지금 수업 들어가야 한다고 하면 반장을 불러서 좀 늦는다고 말하면 되지 않냐 하셨어. 수업이 시작한 후 5분, 10분이 지나도 들어가지 못하게 하시고는 아이들은 자습을 주면 되지 않냐며 당신이 교실에 다녀오시겠다 하셨지. 모두 부글부글 끓으며 폭발 직전까지 갈 무렵, 우리 부서는 다행히 폭탄 해체반의 임무를 마쳤어. 몇십 장에 육박한 총 천연색의 화려한 보고서는 무사히 제출했지. 모두 한마음으로 망했으면 했지만, 아쉽게도 수상권에 들어서 학교 이름이 달린 표창도 교장 선생님의 품에 안겨 드렸어.

일반 회사에서도 이런 부당한 일이 많을 거야. 윗선에서 강요하는 업무는 거부하지 못하고 사력을 다해야 하는 일. 근데 학교에서는 행정 업무나 특색 사업 따위에 학생들과의 수업이 밀리는 까닭에 조금 더 미묘하게 속상하고 억울하더라. 관리자의 요구를 떨쳐 내지 못하고 수업에 늦게 들어갔던 몇몇 날 아이들 앞에 죄인처럼 서서 멍해졌던 기억. 그런 날이면 집에 돌아가는 길에 같이 기간제 교사였던 부원과 넋두리를 나눴어. 이내 비슷한 모양의 속상함을 확인하고 같이 조금 울면서 잊고.

근데 이후로 보고서를 잘 쓴다는 오해를 받아서 다음 해 업무 분장에서 우리 연구부원은 모두 다른 팀으로 스카웃 당해 뿔뿔이 흩어졌어. 웃긴 게 진짜 그 이후로 학교 업무상 작성하는 보고서는 웬만하면 참 빠르고 쉽게 쓰는 편이 되었어. 날 보며 '보고서 자판기'라는 별명을 지어 부르던 동료도 있었고. 교사가 보고서를 잘 쓰면 좋은 걸까? 수업도 못 들어갔는데. 참 웃기고도 슬픈, 웃픈 에필로그다.

05   애증의 초과근무

오늘은 퇴근 시간에 맞춰 퇴근을 했니. 종종 통화를 하다 보면 늘 퇴근 시간을 훌쩍 넘겨서도 학교에서 조용히 속삭이며 전화를 받곤 했잖아. 초근을 하게 되면 초과근무는 꼭 상신하고 하는 거지? 수당이라고 말하기도 쑥스러울 만큼 몇 푼 안 되는 돈이지만 노동에 대한 정당한 대가니까 부끄러움 없이 꼭 받아야 하는 게 맞아. 문득 초과근무에 얽힌 크고 작은 기억들이 떠오르는구나. 모아 보니 대개 웃기거나 슬프거나 어이없거나 한 이상하고 애매한 이야기가 되네. 한번 들어보겠니? 나의 애증의 초과근무 이야기.

1. 초과근무 달지 마세요

학기 초 어느 날인가, 교감 선생님이 메신저로 몇몇 교사를 호출을 하셨어. 받은 사람들을 보니 교과도 부서도 공통점이랄 게 없는 사람들이었어. 자세히 보니 다들 저연차 교사들이었어. 무슨 일일까. 뭔가 학교의 공공연한 문화나 규칙 중에 놓친 게 있는 걸까 싶어 몸가짐을 단정히 하고 말씀을 들으러 갔지.

"다음 주부터는 초과근무 상신을 하지 마십시오."

최근에 어떤 문제가 있었는지 우리 학교가 교육지원청의 눈 밖에 나 있다는 거야. 이야기인즉슨 관내에서 우리 학교가 특히 초과근무 상신이 많아서 교육청에서 지켜보고 있다나 뭐라나. 그런데 저연차 교사인 너네가 초근을 하면서까지 할 일이 뭐가 있냐며, 제시간에 일을 못 끝내는 건 개인의 능력이 부족한 것 아니냐며. 그러니 앞으로는 잔업이 있으면 집에 가지고 가서 하거나, 정 학교에 남아서 하고 싶으면 초근 상신하지 말고 남아서 하래. 그건 자유래.

그깟 수당 얼마 되지도 않는데 더럽고 치사하고 무엇보다 자존심이 너무 상해서 퇴근길 버스에서 소리는 못 낸 눈물이 앉아 있는 무릎에 뚝뚝 떨어졌어. 나를 그깟 초과근무 수당 받으려고 남아서 일하는 사람으로 본 건가 싶고. 이렇게 나이랑 경력으로 치졸하게 짓눌렸던 시절이 내게도 있었다.

2. 손글씨로 쓰는 아날로그 초과근무 대장

이건 젊은 너에겐 정말 옛날 옛적에나 있던, 혹은 믿기 힘든 이야기처럼 느껴질 수도 있겠다. 예전엔 '초과근무대장'이라는 게 있어서 정말 종이로 된 대장에 직접 기록을 해야 했어. 나이스에 상신하는 것은 같은데, 퇴근할 때 퇴근 시간을 대장에 수기로 기입하고 사인을 하는 거야. 이 학교는 이 초과근무대장이 교문 바로 옆 경비실에 비치되어 있었어. 그래서 대장을 작성할 때면 경비 아저씨께서 옆에 서서 작성 기록을 하고 특히 시간을 체크하셨어. 퇴근하기 위해 교문 앞에 도착한 시간을 경비 아저씨가 불러 주면 그걸 대장에 작성해야 했지. 그때는 잘 몰랐는데 나중에 생각해 보니 내가 그 시간에 정말 학교에 있다가 퇴근하는 건지 알게 모르게 경비 아저씨가 확인을 하는 방식이었던 거야. 그런데 가끔 주말에 특근이자 초과 근무가 될 때는 근무 장소가 어디였든지 간에 무조건 학교에 가서 경비실에 있는 초과근무대장을 수기로 기입해야 초과수당을 받을 수 있는, 그런 무지막지한 일도 가끔 벌어졌어. 그럴 때면 함께 근무를 하던 인원 중 대충 가장 어린 교사가 대표로 학교에 돌아가서 작성하고 오는 경우도 있었지. 그 정도는 경비 아저씨께서 인도적 차원에서 봐주시기도 했어. 정말 짠내 가득한 추억이다.

3. 유행처럼 번졌던 초과근무 괴담

어느 해엔가는 관내에 출처를 알 수 없는 도시괴담 같은 '망해 버린 초과근무 요령' 이야기가 돌기도 했어. 어떤 교사 중에 초과근무를 상신하고는 잠시 외출하는 척 교문 밖을 나갔는데 어떤 때는 사우나를 다녀오고, 집에 가서 밥 먹고 쉬다 다시 학교로 오기도 하고, 장을 보고 돌아오고, 당구를 치다가 돌아와서는 퇴근 기록을 남기고 수당을 챙겼다는 이야기야. 즉 상습적으로 초과근무 수당을 루팡했다는 거지. 나는 실제로 그런 교사를 본 적은 없어. 끽해야 학교에서 조금 벗어나 흡연이 가능한 흡연구역에 가서 담배를 피고 오던 동료 정도 봤달까. 그런데 그 이야기에 또 꽂혀 버린 우리 학교 관리자가 초과근무를 달면 자리를 지키고 있는 부서별로 서로 감시해야 한다는 아이디어를 냈다가 거센 항의를 받고 실행에 옮기지 못해 아쉬워한 웃지 못할 에피소드는 있어.

교육공무원의 초과근무에 대한 법령이 분명히 있지만 이상하게 이것만큼은 학교의 분위기나 문화, 구성원의 성향 혹은 관리자의 의도에 따라 조금씩 다른 양상을 보이더라. 사실 그러거나 말거나 너무 바쁜 하루에는 초과근무를 상신하는 걸 잊었던 날도 많았던 것 같아. 그거 꼬박꼬박 다 상신해서 수당을 받았으면 못 해도 파인 다이닝에서 저녁 식사 몇 번은 할 정도 되지 않았을까 싶고.

06   운동을 꼭 해야 해

난 촉도 좋은 편이 아니고 영험하진 않지만, 절대로 거부할 수 없는, 맞아떨어질 수밖에 없는 예언을 하나 해볼까 해. 일을 하며 너의 체력은 점점 나빠질 거야. 악담이 아냐. 정말 그래. 한 해 한 해 보낼수록, 나이를 먹을수록 체력이 좋아질 거란 헛된 희망은 품지 않는 편이 좋아. 앞으로 네가 가질 수 있는 가장 밝은 미래는 체력을 유지하는 것 그뿐.

내가 왜 이렇게까지 거센 어조로 이야기를 하는지 아니. 난 정말 절실한 순간에 체력이 필요하다는 걸, 매우 중요하다는 걸 깨닫게 되었거든. 힘이 부쳐서 주저앉고 마는 순간이 되어서야 늦어도 너무 늦은 후회를 하고 말아. 평소에 운동 해둘걸. 혹 체력을 기르는 것이 막연하게 느껴진다면, 이렇게 생각해도 좋을 것 같아. 학교 일과 사람에 치인 네가 휘청일 때마다 널 지탱해 줄 것은 오직, 근육뿐이야. 근육! 우리는 몸에도 마음에도 정교하고 튼실한 근육이 필요해.

난 결심의 부피가 조금 큰 것 같다 싶으면 무조건 이번 여름 방학으로, 다음 겨울 방학으로 일단 치워 놓곤 했어. 그리고 언제나 가장 먼저 치워지는 큰 결심은 운동이었어. 젊은 몸을 과신해서 끝으로 밀어내던 시기이기도 했고, 버티니까 버텨지는 줄 알았지 뚝 끊어질 줄 누가 알았겠어. 젊음에게 잔뜩 빚진 채 내일의 체력을 오늘 끌어다 쓰는, 그러다 결국 파산을 면치 못할 신세였다는 걸 몰랐지. 1년, 2년, 3년이 흐르고 어느새 학기 중에는 퇴근하고 집에 가 침대에 쓰러지기부터 해야 하는 비실이가 되고 말았어. 이런 내가 퇴근 후 운동이라니, 악순환의 대가답게 운동은 더욱 엄두가 안 나게 되었고.

출근 전 바로 옆 스포츠센터에서 새벽 수영을 하고 오

는 동료도 있었어. 등록한 첫날 알고 보니 그곳에서 이미 오랫동안 새벽마다 힘차게 물살을 가르는 학년부 선배 선생님과 행정실 선생님, 두 분이나 계셨다더라. 게으름뱅이였던 내겐 마치 판타지 소설처럼 들렸던 이 이야기로도 깨달음을 얻지 못했던, 참으로 어리석은 시절이었지. 특별실에 계신 선생님 중에 한 분은 하루 한 번은 꼭 공강 시간에 접이식 요가매트를 펴고 플랭크를 하신다고 했어. 기립근 강화와 코어 근육을 깨워야 하신다면서. 당시엔 외계어처럼 들렸던 말들이지만 이젠 뼈에 사무칠 정도로 절절해.

교무실에는 앓는 소리가 가득해. 무릎통증, 하지정맥류나 족저 근막염에 땡땡 부은 발과 종아리를 주무르는 하체파, 거북목이나 허리 디스크로 만성 두통이나 통증에 시달리는 경추와 요추파, 편도선이 자주 붓거나 성대 통증을 호소하는 목소리파 정도로 나눌 수 있겠다. 난 한쪽 어깨가 망가졌어. 근육이 없는데 무리하게 어깨힘을 당겨 쓰다가 회전근이 손상되고 근육에 석회가 쌓였으며, 팔을 쓸 때마다 맞닿는 근육이 서로를 꼬집어서 통증이 생겼어. 병원에서는 스파이크를 반복하는 배구 공격수의 어깨 상태랑 유사하다 했고, 중년에 올 가능성이 높은 퇴행설 질환, 쉽게 말해 오십견과 비슷하다고 보면 된다고 해서 내 마음을 무너지게 했지.

자연스럽게 '소 잃고 외양간 고친다'와 '사후약방문'이라는 말이 떠오르지? 할 수 있는 치료를 다 한 뒤에 가까스로 통증을 잡았어. 그 뒤부터는 스포츠 재활과 운동 치료도 제법 오래 했어. 처음엔 팔이 어깨선 위로 올라가지도 않았는데, 조금씩 올라가고 운동 각도가 정상에 가까워지더라고. 의사와 도수치료사분들이 한결같이 회복되어도 테니스나 수영, 골프처럼 팔의 근력을 이용한 운동을 아마 하기 힘들 거라고 했어. 아픈 어깨를 돌보며 일을 해야 하니 정말 속상하더라. 몸 어딘가에서 통증을 보내니 머리에는 잡생각이 가득 차올라서 집중력이 떨어지고, 실제로 예전만큼 오래 한 자세로 앉아서 일을 할 수가 없더라고. 속상한 날들이었어.

그래도 작심삼일을 10번 하면 한 달간 실천하는 거라

는 말도 있잖아. 운동 치료가 마무리되면서 살살 운동을 해도 좋다는 허락을 받았어. 우선은 요가와 필라테스처럼 무리하지 않는 재활운동부터 천천히 해보고, 통증이 없다면 꾸준히 해도 좋을 것 같다는 말을 들었지. 한동안은 팔로 몸을 지탱하는 동작은 전혀 못 했어. 양 손바닥과 무릎으로 바닥을 짚고 기는 자세만 해도 어깨가 욱씬하고 아팠거든. 순간 낙담했지만 아닌 척하고, 집에 돌아오는 길에 한숨 10번에 후회와 반성 1번씩 했어. 진작에 운동을 하고 힘들다고 비명 지르고 있던 내 몸을 다스릴걸.

다행히 이젠 바닥을 기는 자세는 잘할 만큼 회복되었어. 한쪽 어깨가 아프면 몸의 균형이 망가져서 다른 쪽 어깨, 허리, 골반까지 아프더라. 교정하는 것도 꽤 오래 공을 들였어. 물론 물구나무서기 같은 어깨 근력을 많이 쓰는 동작이나 테니스는 여전히 못 해. 학교를 그만두고 난 뒤에도 계속 운동을 했어. 척추 교정에 좋은 SNPE라는 것도 해보고, 플라잉 요가도 도전해 보고. 올해는 어릴 때부터 좋아했던 수영을 꼭 다시 시작하려 해. 방학을 맞은 널 만날 때마다 "운동해야 해"라고 잔소리했는데, 헤헤 웃기만 하고 시작은 안 한 것 같아. 그래서 이렇게 글로 남겨 둔다! 올해는 꼭 운동 시작하렴. 나보다 어리지만 어느덧 함께 늙어 가는 사이가 된 친구야.

07   좋은 어른 수집가

지금보다 좀 더 어릴 때는 모든 것들에 대한 근사한 정의를 내릴 줄 아는 사람이 되고 싶었어. 어느 날 누군가 불쑥 "홍지이 씨, 사랑은 뭐라고 생각하나요?"라고 물으면, '사랑이란 두 사람이 마주 보고 있는 것이 아니라, 같은 방향을 바라보는 것이다'처럼 멋진 문장을 돌려주고 싶었거든. (저건 생텍쥐페리의 문장이라 해.) 대학교 때 친구들과 모여 술잔을 기울이다, 술자리가 길어져 모두들 적당히 취하면 서로 질문 배틀을 하고 정작 대답은 잘 안 듣고는 각자 하고 싶은 말만 하는 타이밍이 오더라고. 그럴 때면 난 앞뒤로 몸을 흔들며 겨우 정신줄을 붙들고 앉아 있는 친구들에게 질문을 하며 내가 궁금한 것들의 정의를 수집하곤 했어.

사랑이란 무엇일까, 진정한 희생이란, 용기는 뭐라고 생각해, 삶은 뭘까, 젊음은, 진심이란, 꿈이란, 민주주의란, 그러다 결국 사랑이란 무엇일까로 끝나곤 했던 어린 질문들.

사회에 나와서 보니 질문이 곧 권력이더라. 가슴속에 품은 물음표를 단 문장을 마침표나 느낌표로 마무리하기가 쉽지 않았어. 물론 교사가 되어서 '좋은 교사란 무엇일까'에 대한 질문을 늘 품었어. 어릴 땐 날것의 질문도 입 밖으로 쑥쑥 튀어나왔는데, 나이를 조금 먹으니 어딘지 쑥스럽더라. 괜시리 동료들과 이야기를 나누며 평범한 이야기 속에 슬쩍 묻혀 보곤 했어. 하지만 그 질문은 스스로에게 물어본 적이 더 많았던 것 같아.

연차가 쌓이며 좋은 교사에 대한 질문도 다양한 고민 거리를 자양분 삼아 쑥쑥 자랐어. 그러다 결국 '좋은 어른이란 무엇일까'라는 질문에 가닿아 더욱 몰두하게 되었지. 아이들 앞에 서는 사람으로서, '어른스럽다'라거나 '어른답다'는 형용사의 영원한 주인이 될 수는 없을까. 그 형용사 안에 함축된 '멋지다, 능숙하다, 사려 깊다, 성숙하다'를 갖고 싶어서. 이제는 술자리를 기웃거리는 치기 어린 행동보다는, 혼자 조용히 책을 훑거나 생각거리가 많다고 소문난 영화를 보며 실마리가 있을 만한 맥락을 더듬거렸지. 세상엔 분명 '좋은 어른'에 대해 멋진 정의를 내린 사람이 있을 거란 막연한 기대를 품고 말이야. 내가 품었지만 답을 내리기 쉽지 않은 질문이란 것도 알았기에, 선구안을 가진 사람들의 지혜를 감사한 마음으로 빌려 오고 싶었어.

말이 나와서 말인데 함께 '좋은 어른'의 정의에 대해 고민해 보지 않을래? 우선 잠시 '좋은'이란 형용사는 떼어 놓고, '어른'부터 따져 보자. 어른의 사전적 정의는 '다 자란 사람. 또는 다 자라서 자기 일에 책임을 질 수 있는 사람'이라던데. 우리 둘 다 중학교 때 성장이 멈춘 뒤로 그때 키로 산 지 오래되었으니 다 자란 건 맞고. 자기 일에 책임을 지고 있는지는 좀 따져 봐야겠지만 일단은 넘어갈게.

사전적 정의는 턱걸이로 통과했다면, 실제 '나는 어른

이다'라는 자각에 대해 생각해 볼까 봐. 넌 언제 '아, 내가 어른이 되었구나'라고 느꼈니? 실은 난 내가 정말 어른이 되었구나!라 느꼈던 순간이 있거든. 따끈따끈한 주민등록증을 손에 쥐었을 때? 음, 아냐. 운전을 시작한 후 처음으로 고속도로를 달리며 100km/h에 가까운 속도로 달렸을 때? 가슴이 벅찼지만 아니아니. 그럼 결혼을 했을 때? 아냐. 그때는 나 어른 되려면 아직 멀었구나, 라고 생각했어. 언제냐 하면 어느 날 밥을 먹으러 한식당에 갔을 때였어. 메인 음식이 나오기 전에 밑반찬부터 깔아 주셨는데, 그중 새빨간 배추김치가 나왔거든. 근데 내가 아무 고민 없이 젓가락으로 김치 한 조각을 잡아 들더니 자연스레 입으로 가져가 먹었어. 그러고는 함께 앉은 사람들에게 "이 집은 김치가 참 맛있어"라고 말한 거야. 바로 그때! 아, 나 지금 좀 어른스럽지 않았나 싶었어. 어른이란 맨입으로 김치를 먹는 것, 아닐까? 싶더라고.

처음 학교에서 교사로 불렸던 때 스물세 살이었어. 대학교 졸업 후 바로 임용고시를 준비하기 싫어서 불쑥 지원했다가 덜컥 출근하게 된 첫 기간제 교사 자리. 내 머릿속에서 정의해 온 교사처럼 말쑥한 정장을 입고, 머리를 단정하게 가꾸고, 또각또각거리는 소리가 발밑에 따라붙는 검정 정장구두를 신고 늘 그랬다는 듯 교무실 문로 드나들었지. 교문을 통과하는 순간부터 마주치는 어느 누구나 나를 당연히 한 사람의 몫을 해낼 수 있는 성인, 교사로 대하는 것이 벅찬 날들이었어. 행동도 어설펐겠지만 특히 내가 한 말 한마디의 무게를 감당 못 한 채 내가 짓눌려서, 퇴근길 버스에서는 오늘 동료들과 아이들에게 한 말들 중 주워 담고 싶은 말들이 한가득 떠올라 지워 내려 애썼던 것 같아. 이런 식의 비겁한 생각도 슬쩍 품었던 걸 고백해. 이렇게 어설픈데 결국 아무것도 하지 않는 게 본전을 찾는 거 아닐까?라며 그냥 누군가 하라는 일, 시키는 일만 하는 수동적인 길, 하지만 안전하고 별일 없을 것 같은 그 길이 더 좋은 거라 스스로를 속이는 생각을.

지금 생각해 보니 어른이란 부끄러움을 부끄럽다고 인정하고, 그 수치심을 발판 삼아 앞으로 나아감을 두려워하지 않는 것일지도 모른다는 생각이 드네.

혹시 기억할까? 공부를 왜 해야 하는지 모르겠다거나, 책을 왜 읽어야 하는지 모르겠다며 투덜거리는 너희들에게 종종 했던 말이 있는데. 어른, 그러니까 고등학교를 졸업하고 성인이 되어 사회에 나가면 매일, 매 순간 어떠한 상황에 대한 자신의 입장이 어떠한지 표현해 보라는 질문을 받아. 그때 내가 하는 대답 혹은 선택이 모여 나의 인생이 된다고. 그래서 지금부터 생각의 재료를 잔뜩 수집해서 내 것으로 체득해야 삶을 멋진 대답과 선택으로 채울 수 있다고.

나도 그랬어. 막연히 나이가 들면 으레 그만큼 생각도 성숙하게 될 거라 낙관했지. 그런데 절대 그렇지 않아. 20대, 30대, 40대가 흐르는 방향만큼 생각의 질과 양도 함께 흐르지 않아. 물길을 찾는 혜안이 없으면 생각의 흐름이 역류하거나, 막히거나, 멀리 돌아가는 길을 만들어 버리더라. 그래서 너희에게 "세상의 모든 질문, 현안에 나만의 의견을 피력할 수 있는 사람이 되어야 한다"는 잔소리를 많이 했던 것 같아. 우리 사는 곳곳에 산재한 의문을 들춰 보고는 자신의 의견을 다듬어 갈 수 있는 생각의 힘을 기르기 위해 있는 힘껏 다양한 교과를 탐구하고 책을 읽자고. 누군가 질문을 하면 그게 어떤 거라도 입은 뗄 수 있어야, 느슨하지만 논리적인 나의 의견을 이야기할 수 있을 때 비로소 한 사람의 어른으로 성인으로 인정받을 수 있지 않을까, 라는 생각에 대해서는 요즘도 변함없어.

다만 요즘은 질문에 대한 대답, 내 생각의 방향에 대해서 많이 고민해. 이왕이면 우리가 함께 사는 세상을 더 이롭고 아름답게 가꿀 수 있는 답이 내 머릿속에 자리 잡았으면 해서. 툭 치면 튀어나오는 말이 부디 누군가를 아프게 하지 않고, 모두를 존중하고, 더 많은 사람을 배려할 수 있는 것이길 바라며. 답을 명쾌하면서도 정의롭게 제련하는 과정에서는 멋진 사람들의 생각을 또 많이 빌려 오곤 해. 여전히 책과 영화, 좋은 콘텐츠들을 믿고 있고 주변의 좋은 사람들과의 대화가 무르익었을 때 터져 나오는 맑은 단어를, 다람쥐가 겨울잠 자기 전에 도토리 수집하듯 부지런히 챙겨 두고 있어.

한순간에 이뤄 낼 수 없기에 살아가며 증명해야 할,

방향을 잃을 때 고개를 들어 바라봐야 할 내 삶에 스스로 꽂은 깃발과 같다 여겨야 할 것 같아. 난 누가 봐도 어른이 되었지만 글 초반에 잠시 떼어놓은 '좋은'이란 수식어를 여전히 흠모해. 한 해 한 해 꼬박 나이를 먹은 탓에 어느 덧 30대와 이별을 했지만, 내가 선 어느 곳에서나 늘 나보다 더 능숙하고 기품 있는 어른이 계실 거란 믿음이 있어. 때에 따라 달랐지만 홍세화 선생님처럼 지혜롭고 정의로운 사람. 배철수 아저씨 같이 깨어 있는 사람. 김창완 아저씨처럼 권위적이지 않은 사람. 우리 아빠처럼 모든 생명에게 다정한 마음을 품는 사람. 결국 난 늘 찾아. 언제 어디서나 앞서간 자의 발자국을 따르고 그림자를 쫓으며 믿고 따를 진짜 어른을. 난 언제나 좋은 어른 수집가였어.

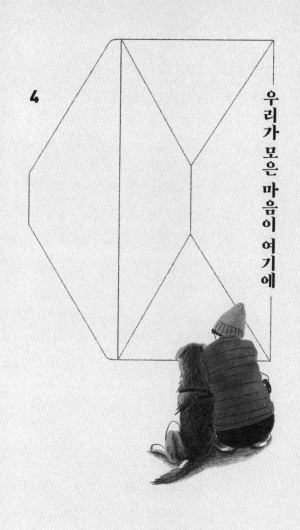

4

우리가 모은 마음이 여기에

01 교사에게도 교사가 필요해, 반면교사 말고

이제는 정말 겨울이 왔다고 말해도 되지 싶어. 겨울이
되면 늘 나의 두 번째 근무지가 생각나. 그 학교는 행정구
역상 경기도에 있었지만 강원도와의 경계에 거의 맞닿아
있는 지역에 있었어. 큰 강을 끼고 있는 도시였는데다 비
도 눈도 흔하던, 사계절 내내 물기 가득한 곳이었지. 제법
오래된 학교였고 그 지역의 대표 학교 격이어서 소규모
대학의 캠퍼스로 봐도 될 만큼 교정이 넓었어. 본관과 별
관, 특수동, 식당, 강당 같은 시설이 독립 건물로 되어 있
는 것만 봐도 교정의 규모를 짐작할 수 있을 거야. 선생님
중에는 이 지역에서 태어나 이 학교를 졸업하고 다시 이
곳의 교사가 된 분도 제법 계셨어. 교문 관리실에 계신 경
비 어르신은 내가 태어나기도 전부터 이곳에 근무하셨다

는구나. 그분들을 보면 마치 건물 높이보다 더 높이 자란 화단의 고목처럼, 이곳에 곧은 뿌리를 내리고 계신 것 같았어.

난 특수동 건물에서 근무했어. 특수동은 4층짜리 건물인데 1층에는 시청각실과 보건실, 2층부터 각 층에는 교과 특별실, 3층과 4층에는 자습실과 세미나실이 있었어. 희한하게 이 건물에 계신 선생님들은 다들 조용하게 일하는 분들이었지. 건물의 위치가 본관과 식당이 가장 멀기도 했고, 교사들도 조용해서 그런가, 어딘가 묘하게 학교 안 유배지 같았어. 그렇지만 그거 아니. 정약용은 귀양 갔던 강진에서 『목민심서』를 완성했고, 가사 문학의 대가 송강 정철도 유배지였던 담양에서 『사미인곡』과 『속미인곡』을 썼다지. 이 건물에 계신 선생님들과 한 해를 보내며 난 은둔 고수에게 사사하는 젊은 교사가 되었어.

1층의 보건실에는 대학생 딸과 고등학생 아들을 둔 보건 선생님이 계셨어. 당시 내가 25살 즈음이었으니까, 거의 내 어머니뻘 되시는 분이었어. 난 특별실에 혼자 근무하고 있어서, 아침에 출근해서 컴퓨터를 켜면서 전화를 드렸어.

"선생님~ 출근 잘하셨어요?"
"홍 선생, 얼른 내려와."

전화를 끊으시면 곧바로 핸드 드립으로 커피를 내리기 시작하셨어. 보건실에 가서 따뜻한 커피를 각자의 텀블러에 나눠 담고, 짧게 이야기를 나누고 내 자리로 돌아가는 다정한 아침 일상이 좋았어. 선생님께서는 말로는 요즘 아이들은 조금만 아파도 보건실에 온다며 귀찮다고 하면서도, 6개씩 2줄로 포장된 타이레놀을 1알씩 떼어 내면 생기는 뾰족한 4개의 꼭짓점을 꼭 가위로 동그랗게 잘라서 아이들에게 건네는 분이셨어. 아침부터 비가 오면 혀를 끌끌 차며 깊숙이 넣어둔 목발을 넉넉히 꺼내 놓으셨어. 그런 날엔 인조잔디가 깔린 운동장에서 축구를 하는 애한둘이 발을 접질린다며. 퇴근할 때 보면 목발이 있던 자리는 텅 비어 있던 경우가 많았지.

보건 선생님은 나만의 대나무숲, 혹은 위클래스 상담 선생님이셨어. 학교에서 일어나는 모든 일을 상의할 수 있었어. 내 편이 되어 주시다가도 따끔하게 정곡을 찌르는 조언을 해주셨지. 비밀보장은 기본이라 선생님께 드린 말씀은 보건실 문 바깥을 나간 적이 없었어. 난 엄마 앞에서도 생전 울지 않는 편인데, 유독 선생님 앞에서는 울기도 많이 울었어. 말하다가 감정이 북받쳐 울음이 터지면 스스로 멈출 때까지 가만히 기다려 주셨는데, 그때 만들어 주시는 고요함이 어떤 위로의 말보다 컸어. 그때 교사도 학교 어딘가에 몰래 숨어서 울 공간이 있어야 함을 알았지. 나중엔 친구와의 문제도, 부모님과의 의견 차도, 남자 친구 이야기까지도 했었어. 선생님의 가족분들도 뵙게 되어 종종 퇴근하고 함께 식사도 하곤 했어.

다른 동료들도 나와 보건 선생님의 끈끈함을 신기하게 바라보셨어. 모녀 관계랄까. 나도 선생님도 서로에게 애틋함이 있었어. 훗날 내 결혼식에 오셨는데, 신부 대기실에 오셔서 별말씀 안 하시고 그저 웃으며 내 눈을 바라보셨거든. 어린 교사였던 그때, 커피 향 가득한 보건실에서 힘을 얻고 몇 번이고 다시 일어나던 나날이 떠올라서 어쨌겠니. 감사함에 또 눈물지을 수밖에 없었지.

보건 선생님 외에도 인문 사회실에 계셨던 부장님, 나이로는 나보다 동생인데 당차고 씩씩했던 수학 교사, '빛나고 둥글게'라는 좌우명 그대로 아이들을 대하던 영어 교사 등 특수동에서 내게 가르침을 주신 '교사'분들이 너무 많았어. 유배지인지 알았던 곳에서 무지와 배움을 부끄러워하지 않았던 나, 질문으로 무장한 설익은 내게 흔쾌히 교사가 되어 준 분들이 안 계셨더라면, 난 아마 아직도 이 글을 완성하지 못한 채 내내 맴돌며 헤매고 있었을 것 같구나.

학교에서 마주한 의문을 제때 해결하지 못하면 뭉게뭉게 커져서 큰 구름을 이루고 빛을 가려 어둠 속에 갇히게 되더라. 아이들에게는 질문을 하는 능동적인 학습자가 되라고 했는데, 정작 교사인 나는 질문에 인색했던 것 같아. 보건 선생님을 만나기 전까지 말이야. 어쩌면 대부분의 사회 초년생이 다 그럴지도 모르겠어. 질문을 하면 자기 분야에 대한 확신이 없거나 실력이 부족함이 드러날까 두려워서. 조개처럼 입 꾹 다물고 있기보다는, 주위를 한 번 쓰윽 둘러봐. 혹시 시선의 끝에 질문으로 만들기도 애매할 만큼 미묘하고 작은 의문도 이야기로 풀어 물어볼 수 있는 선배가 닿는다면, 혹시 널 보고 미소 짓고 계신다면 잽싸게 달려가 그날부터 선생님의 두 손을 꼭 붙잡고 놓치지 말기를 바라.

교사에게도 교사가 필요해! 반면교사(反面教師) 말고.

02   사랑하는 언니 샘들

"야, 얘 너 동생이야?"

"응. 같이 놀자."

"그래, 얜 깍두기 하면 되겠다."

어렸을 때 언니를 따라서 놀이터에 가면 언니 친구들이 있었어. 성인이 되어서야 아래위 3살 차이쯤 아무것도 아니지만 4살과 7살, 7살과 10살처럼 어린 시절의 3살 차이는 꽤 큰 편이었지. 막내 동생이 어려서 엄마보다는 주로 언니의 손을 잡고 따라다녀야 하는 운명이었던 난 언니 친구들과의 놀이에서 늘 깍두기였어. 깍두기는 인원을 나누거나 역할을 정해서 놀 때, 한 사람의 몫은 못 하는 사람도 놀이에 낄 수 있도록 배려하기 위해 만든 자리야. 반대로 놀이에 참여한 다수보다 능력이 출중한 사람도 깍두기가 되기도 했어. 우리는 이미 7살 때 놀이터에서 상냥하게 배려하며 관계의 균형을 잡는 법을 체득했지만, 학교에 들어가면서부터 무수한 경쟁에 떠밀리며 서서히 잊어버린 건지도 모르겠어.

　관리자와 의견 충돌이 있어서 답답한 상황이 생겼어. 업무 분장에 없는 새로운 업무를 추가하자는 건데, 그 이야기의 시작이 "내가 어디 어디 학교에 가서 봤는데 그 사업 너무 좋더라. 홍 선생이 맡아서 좀 해줘요"였어. 아니, 학교 상황과 학생 수준을 고려하지 않고 그저 멋지고 좋아 보이는 사업을 연간교육계획 수립 때도 아니라 학기 중간에 하라니. 당시의 내겐 어쩌면 교사로서의 교육 철학의 근간을 흔들지도 모르는 요구였어. 일전에 컨설팅 장학의 늪에 빠졌을 때 선배 선생님의 도움을 경험한 적이 있어서 그런지 이번엔 혼자 끙끙 앓는 시간을 줄였어. 학교 안에서 믿고 따르던 선배 선생님 한 분께 은밀히 말씀드려 보고 좋은 조언을 얻었어. 그런데 아무래도 교내에 계시다 보니 그분도 관리자와의 개인적인 친분이 있고 멀리 돌아가면 업무적인 이해관계도 조금 있을 수 있겠더라고. 소수 교과의 교사이다 보니 교내에는 나의 상황을 가깝게 느낄 분도 안 계셨고.

　그래서 인근 학교에 계신 같은 교과 선생님들께 조언을 구해 보기로 했어. 지역 교과협의회의 총무 선생님께 자초지종을 말씀드린 후 연락처를 전달받았어. 지금도 있는지 모르겠지만 같은 지역 교사들끼리 이야기를 나눌 수 있는 메신저도 있고, 업무 포털에서 학교 이름과 교사 성명으로 검색하면 보낼 수 있는 내부 메일 등 좀 더 공식적인 방법으로 연락을 드릴 수도 있었어. 그렇지만 조금 번거로워도 전화를 드리고자 한 건 그게 조언을 구하는 자가 취해야 할 예의 같았어. 참 옛날 사람이지? 하하. 카톡으로 이별도 하는 시대에 말이야. 난 여전히 문자보다는 목소리의 힘을 믿어. 아, 어쩌면 답답하고 억울한 마음을 조곤조곤 말할 대상이 필요했던 것도 같고.

　서너 분의 선생님께 전화를 드렸어. 처음에는 낯선 이의 전화에 조금 당황하신 듯했지. 차분히 전화를 드리게 된 상황을 전했더니 정말 선생님들 어느 분 하나 귀찮아하지 않고 몰두해 주셨어. 내가 처한 문제 상황을 면밀히 검토해 주신 뒤 나름의 해결책도 주시고 각 학교의 상황과 철학이 다르므로 우리 학교에 맞게 적용해야 한다는 말씀도 해주시고. 보이진 않았지만, 전화기 너머에 귀를 쫑긋 세우고 듣고 계신 선생님들의 모습이 떠올랐어. 냉철한 조언을 해주시는 분도 계셨지만 '버럭'하며 화를 내주신 선생님도 계셨어. 학교에서 어쩜 그런 요구를 교사에게 할 수 있냐며.

진심을 꾹꾹 눌러 담아 나눠 주신 선생님들의 지혜로운 의견과 기꺼이 공유해 주신 각 학교의 해당 사업 관련 데이터를 잘 정리해 '타 학교 사례 분석 보고서'를 쓴 뒤 관리자에게 제출했어. 보고서에 대한 피드백은 특별히 없었지만 나를 향했던 새 교육사업의 압박은 거짓말처럼 사라졌어. 다른 부서에서 하지도 않았고. 일을 기피하고자 그랬던 게 아니라, 중요한 일에 집중하고 싶었다는 진심을 왠지 행동으로 증명해야 할 것 같아서, 원래 하던 일들에 더 집중했어. 이상하게 발현된 동기부여였지만 다행히 해당 일의 성과가 좋아서 관리자를 볼 면은 섰지.

새 사업 담당이 되지 않은 것보다 더 좋은 일이 일어났어. 그때 전화로 의견을 여쭙고 도움을 읍소했던 선생님들과 교원공동체 모임을 하게 된 거야. 그때 전화 통화를 할 때 잔뜩 화를 내주셨던 선생님 계셨다 했지? 그 선생님께서 주축이 되어 모임을 완성해 주셨어. 첫 모임 때 선생님들께 덕분에 난관을 잘 극복했다고, 존경과 감사를 듬뿍 담은 인사를 했던 게 생각나. 선생님들과는 두세 달에 한 번씩 만나서 교과 관련 주제 협의도 하고 조촐한 세미나도 했어. 어느 해에는 교과 연계 독서도 하고, 날씨가 좋을 때는 박물관이나 미술관으로 소풍도 갔지.

해마다 인원 구성이 조금씩 달라지기도 했지만 난 한 해도 빠지지 않고 퇴직 전까지 모임에 계속 참여했어. 협의 이후 가진 티타임이나 회식 때 선생님들의 경험담을 듣는 건 어느 학식 높은 교육전문가의 저서에서도 찾을 수 없는 진짜 꿀팁이었지. 난 모임의 막내라서 모임의 행정업무와 총무를 맡았는데 기꺼이, 너무 즐거운 마음으로 했어. 정말 너무 감사하고 행복한 시간이었거든. 협력수업, 진로연계수업, 지역사회 기관 연계, 창의체험활동, 학생상담처럼 각 선생님들마다 몰두하고 계신 교육 주제가 있잖아. 잘 모르고 경험이 미진한 분야에 대해 이야기해야 하는 날엔 깍두기처럼 설익고 부족한 의견을 드러내도 서로 보완해서 둥글고 빛나는 혜안을 만들곤 했지. 선생님들과의 만남에서는 누구나 깍두기가 될 수 있었어.

'사랑하는 언니 샘들.'

선생님들과 만든 단톡방의 이름이야. 퇴직을 했지만 선생님들 모이실 때 한두 번씩 나가곤 해. 학교 밖에서의 내 삶과 선택도 응원해 주시고 여전히 따뜻한 손길로 다독여 주셔. 사회에서 이렇게 좋은 인연을 만나게 될 줄이야. 숨통이 트이는 모임이었어. 혹시 숨이 가쁘거나 답답하면 학교 밖으로 눈을 돌려봐. 학교 밖에도 멋진 분들이 계시거든. 일을 할 때 모퉁이 너머의 갈림길에 접어들면, 어디로 갈지 잠시 고민되잖아. 이 선택이 학생들의 성장에 최선일까? 교사로서의 나의 성장에는? 그 고민의 갈림길에 서서 바닥을 보면 여지없이 많은 발자국이 있을 거야. 먼저 걸어간 선배들의 흔적이지. 좀 더 깊이 파인 발자국이 있는 곳으로 따라 걸어보렴. 묵묵히 앞서 걸은 선배들의 뒷모습 어른거릴 때쯤, 서서히 발밑에 생긴 작고 예쁜 길이 보일 테니.

03   어떤 상사를 만나야 행복할까

중학교 사회 수업에서였던가 처음으로 '관료제'라는 개념을 배우고 익혔던 게 기억나. 개념을 쉽게 파악하기 위해 현대 사회에서 볼 수 있는 관료제의 예시를 보고, 관료제의 장점과 단점이 정리되어 있는 표에 홀린 듯 별표를 쳤었지. 교과서에 표로 나올 정도면 십중팔구 시험에 나올 테니 외워야겠다는 생각이 만들어 낸 기계적인 움직임으로.

시간이 흘러 학부 시절 들었던 교육행정학 수업에서 낡은 그 개념을 다시 만났어. 학교는 교사라는 전문직이 모여 있기에 관료제 앞에 '전문'을 붙여 '전문적 관료제'라고 한다는구나. 관료직제와 전문직제의 혼합형이라, 조직화된 무질서적인 곳이며 특정 사건에 대해 함께 대응하지만 각각의 정체성을 유지하는 이완 조직의 성격을 띤다며. 그 아래 학자들 각각 내린 정의가 서술되어 있긴 했지만, 대표로 서술된 건 저 정도였을 거야.

정제된 문장이 만들어 내는 평면의 세계에서는 이와 같은 특성이 느슨함, 유동적, 보완적이란 옷을 입혀 설명되지만, 현실 세계에서는 불확실, 불안정, 모순적이란 표현으로 더 크게 와닿아. 교사 개개인은 저마다의 교과적 지식을 탑재한 전문가지만, 행정 업무를 위해 업무 분장을 하면 철저한 관료주의의 세계에 들어가게 되지. 끊임없이 냉탕과 온탕을 오가야 하는 신세랄까.

어느 해인가 학교 부서와 조직을 개편하기 위해 큰 과도기를 거치고 있는 중이었어. 작년에 있던 부서가 사라지고 새 부서가 신설되고 3월 새 학기 시작까지도 업무 분장이 변해 3학년 담임이었다 교무부 기획이 되는 등 널뛰기 하듯 이동하는 교사도 있었어. 다들 저마다 말이 많았지. 학년부를 강화해야 한다, 방과 후 부서는 꿀부서 아니냐 도대체 방과 후 수업 어레인지 외에 하는 일이 뭐냐, 대세에 맞게 인문사회과 과학기술 부서를 신설해야 한다, '해야 한다'와 '하지 말아야 한다'의 각축전이었지.

이쯤에서 질문 하나 투척해 볼까. 마치 밸런스 게임을 하는 듯한, 양극단에 위치한 옵션을 주고 택 1을 해야 하는 질문을 해볼게.

A. 업무포털에 결재를 상신하면 내용을 읽지도 않고 무조건 결재하는 부장
B. 공문의 띄어쓰기나 마침표 하나 때문에 결재를 반려하는 부장

너라면 A와 B 중 어느 부장과 한 부서에서 일하고 싶니?

업무 분장과 부서 개편의 과도기를 통과할 때 첫해엔 A 부장과, 그다음 해엔 B 부장과 함께 한 부서에 소속이 되어 일을 했었어. 두 분 다 훌륭한 인품을 가지셨고 부서

원을 아끼시며 따뜻하고 정이 넘치는 분이야. 실제로 두 분이 친하시기도 하고, 교원공동체도 함께 하고 있어서 나도 친분이 두터운 분이셨어. 하지만 역시나 일로 만난 사이가 되니 가끔씩 한숨을 '포옥'하고 쉬어야 하는 일이 생기더군.

A 부장은 부서 업무에 방목형으로 일관하는 분이었어. 마치 자율주행하는 자동차에 탄 운전자처럼 여유로운 얼굴로 계시다 가끔 간단한 조작만 건드리는. "아이고, 홍 선생이 어련히 알아서 잘했겠어요"라는 말씀을 자주 하셨는데, 지금 쓰면서도 음성지원이 되는 듯 문장의 높낮이와 강조점이 생생하게 기억나네. 난 업무포털로 공문 처리도, 에듀파인 예산기안 상신을 많이 하는 편의 업무를 맡고 있었어. 공강 때 자리에 앉자마자 후다닥 써서 올리고 잽싸게 수업을 들어가곤 했지. A 부장은 내가 올리는 걸 기다렸다는 듯 칼 결재를 해주셨어. 혹시 급해서 핸드폰으로 전화를 드리면 잽싸게 오셔서 쿨하게 결재를 해주셨지.

그런데 한번은 교감 선생님에게 전화가 왔어.

"홍 선생, 아까 올린 거 첨부파일이 없는데 반려할 테니 다시 올려 주겠어요?"

화끈화끈. 실컷 공문 내용을 장황하게 쓰고 '첨부1', '첨부2'도 줄 맞춰서 예쁘게 써놓고는, 첨부파일을 붙이지 않고 그냥 상신한 거야. 역시나 우리 부장은 확인 없이 그 저 결재.

이듬해에 마주한 B 부장은 업무도, 일상도 빈틈을 찾 기 힘든 완벽주의자였어. 주차장에 차를 대신 것만 봐도 어쩜 좌우 주차선에 동일한 여백을 두고 주차를 하시던지. 어떠한 계절에도 목덜미에 닿기라도 하면 큰일 날 듯 늘 같은 기장의 짧고 단정한 머리를 고수하셨지. A 부장과의 자유로운 1년을 보내고 나서 그런지 내 업무를 꼼꼼히 살 펴 주셔서 초반엔 너무 감사했어.

하지만, 결재가 한 번에 나는 경우가 거의 없다는 걸 몇 달이 안 돼서 깨달았어. 흑흑. 지금 쓰면서도 서러움 이 몰려오네. 어떤 결재를 올려도 모두 수정을 해서 올리셨어. 결재 올라가는 거 보며 수정 히스토리를 볼 수 있잖아. 정말 거의 매번 눈에 띄지 않는 띄어쓰기와 들여쓰기, 때로는 문장 부호도 꼼꼼하게 수정하셨더라고. 어떨 때는 수정 전과 수정 후 문서를 좌우에 나란히 놓고 봐도 도대체 어딜 수정하셨는지 알 수 없을 정도로 미묘한 부분까지 알아채서 고치셨어. 당신이 직접 수정을 하실 때 절반, 수정을 요구하시며 반려하실 때 절반 정도였어. 그래서 B 부장에게 결재를 올릴 때는 엄청 긴장하게 되었지.

오늘은 원래 너에게 하려고 했던 말에서부터 많이 돌아온 것 같네. 거창하게 관료제에 대한 이야기로 운을 띄었지만, 결국은 난 학교가 모순되고 느슨한 전문적 관료 조직이라 나쁘지 않았다는 거야. 평교사인 나를 이끌어 주려 신경 쓰고 있는, 회사로 치면 상사의 자리에 있는 부장 교사가 있어서 교과 외적인 업무 분야를 배울 수 있었으니까. 함께 일하기 위해 모인 회사의 하나지만, 모두 무언가를 깨우치는 배움의 공간으로서의 학교. 일반 회사도 사수와 신입의 관계가 있다지만, 부장과 부서원으로서의 교사는 서로 다를 가능성이 높은 교과의 전문 영역은 한없이 존중하되, 행정 업무에 대해서 교류하게 되는 거니 조금 결이 다르긴 하잖아.

훈훈한 마무리를 했다. 그래도 만약 내게 "다시 교사로 일한다면 A, B 부장 중에 누구와 한 부서에서 일하고 싶나"고 묻는다면, 난 선택지에 없는 상상의 C 부장이라고 답할래. 하하하. 네가 다음 해에 만날 부장은 어떤 분일지 나중에 만나면 얘기해 줘.

04   삶의 알람시계, 나의 담임선생님

담임이라는 단어. 한때 매일 읽고 부를 만큼 가깝고 익숙했는데, 학교를 졸업하고 나면 쓸 일이 없어 순식간에 낯설고 멀어지는 말이야. 대학교에서도 지정된 교수님이 계셨지만, '나의 담당 교수님'이라고 했지 '담임 교수님'이라고는 안 했던 것 같아. (문득 담임 목사라는 말도 떠올라 찾아보니, 국립국어원 표준국어대사전에는 오르지 않은 말이네. 아마 해당 종교인이 편하게 만들어 부르는 명칭인가 싶어.) 초등학교 6년, 중학교 3년, 고등학교 3년. 한국에서 초, 중, 고를 졸업한 사람이라면, 특별한 경우를 제외하고는 보통 12명의 담임선생님을 만나겠지? 12분의 담임선생님 중 너는 기억에 남거나, 특별한 추억을 나눈 분이 계시니? 친구들과 이야기해 보니, 생각보다 쉽지 않은 일이더라고. 다행인지, 불행인지 나에겐 소중한 추억을 잔뜩 만들어 주신 담임선생님이 딱 한 분이 계셔. 한번 들어 볼래?

나는 서울 근교의 도시에서 고등학교를 다녔는데 평준화 지역이었어. 다니고 있던 중학교가 자리한 지역 내에 있는 고등학교들을 지망 순서로 작성해서 무작위 추첨을 하는 거야. 1지망 학교의 정원이 차면 2지망, 3지망 학교로 배정되는 방식이었어. 나는 이미 중학교도 미끄러져서 학군의 접경지역에 있는 가장 먼 곳으로 다녔던 전적이 있었지. 설마 고등학교도 그럴까 싶었는데, 그쪽으로는 운이 트지 않았나 봐. 이번에도 우리 집 베란다에 서면 교정을 거니는 학생들이 훤히 보이는 코 앞의 학교를 두고 버스 정류장으로 20 정거장이나 떨어진 신생 학교에 배정되었지.

또 모르는 얼굴들 사이에 섞여 짐짓 아무렇지 않은 척해야 하는 3월이 왔어. 얼굴엔 경련이 일 것 같지만 고등학생 정도 되었으면 슬프다고 아무 데서나 울 수 없다는 것쯤 판단할 수 있는 나이니까 마음속으로 '괜찮아(짝!) 괜찮아(짝!)'을 읊조렸어. 내가 입학하며 1, 2, 3학년이 모두 채워진 신생 학교라 강당이 아직 완성되지 않았었나 봐. 꽃샘추위의 찬 기운이 얇은 교복 재킷 사이로 스멀스멀 들어와 마음처럼 몸마저 움츠러들게 했던 3월. 입학식을 운동장에서 하게 되었지. 배정받은 반 자리에 가서 멀뚱멀뚱거리며 줄을 서 있었어. 단발보다 짧은 머리에 동그란 안경, 안경보다 다부진 눈매를 가진 선생님이 맨 앞에 서 계셨어. 저분이 나의 고등학교 첫 담임선생님이구나. 그 순간 긴장이 더욱 돼서 몸에 힘이 한 번 더 잔뜩 들었지.

신생 학교의 기강 잡기는 매서웠어. 학생과 선생님들로 보이는 분들이 도열한 아이들 사이를 거닐며 복장이 불량하거나, 머리색이 조금 다르거나, 학교 교칙에 맞지 않는 가방이나 신발을 가진 아이들을 찾아서 열외시키기 시작하셨어.

"너, 머리색 뭐야. 줄 옆으로 나와."

아뿔싸! 당시 고3이었던 언니가 수능을 본 뒤 집에서

셀프로 염색을 해본다며 잔뜩 사온 염색약을 발라 주다 재미 삼아 나도 발라 봤는데 티가 전혀 안 나서 몰랐어. 몇 달이나 지나기도 했고 대충 발라 본 거라 색이 다 빠진 줄 알았는데, 오히려 빛이 바래서 햇빛 아래 서니 유독 밝아 보였나 봐. 입학식부터 열외자가 되다니. 모범생 인생에 오점을 남기는구나 싶어 사색이 되고 동공이 흔들렸지. 열외된 내 쪽을 향해 걸어오는 동그란 안경, 동그란 눈, 동그란 표정을 한 담임선생님. 선생님과 이렇게 첫 단추를 끼게 되다니, 너무 죄송해요.

"실수?"

"네…"

"내일까지 원상복귀 해서 와. 들어가."

삐죽 튀어나온 나를 다듬어 다시 동그란 반으로 들어가게 밀어주신 분. 담임선생님과의 첫 만남이었어.

집에 가서 바로 내 원래 머리색과 같은 색으로 덮었지. 다음 날 학교에 갔는데 선생님은 눈으로 확인하셨는지, 날 따로 부르시진 않았고, 그 일은 그렇게 지나갔어. 혹시나 소위 찍힌 거 아닐까 걱정했는데, 다행히 선생님은 첫인상으로 학생을 재단하는 분이 아니었어. 심지어 선생님은 정말 반짝반짝 빛나는 분이셨어. 아이들의 이름을 순식간에 외우셨고, 낱알로 둥둥 떠다니던 아이들을 한 학급으로 묶어 내는 리더십을 발휘하셨어.

학급 프로그램으로 '개별노트'라는 걸 만드셨는데, 각자 노트를 만들어서 매일매일 야간자율학습 시간에 한 공부 내용을 정리하는 거야. 아침 조회시간에 제출하면 선생님이 확인하신 후 그날 종례 시간에 돌려주셨어. 스터디플래너가 없던 시절이라 노트에 시험계획, 자습시간 활용계획, 주말 공부계획 등을 담임선생님과 공유하고 지면 상담을 하는 거지. 아이들의 노트를 일일이 확인하시고 하단에 짧은 코멘트를 써주셨어. 개별노트를 쓰다 보면 담임선생님이 오늘은 뭐라고 써주셨을까 기대하게 되었어. 마치 초등학교 저학년 때 일기장에 찍어 주던 '참 잘했어요' 도장을 받을 때처럼 말이야. 난 글을 쓰고 싶은 아이어서 짧은 글도 쓰고 시도 쓰곤 했어. 다른 아이들은 선생님께 편지를 쓰거나 넋두리를 남기기도 했는데, 공부 내용이 아니더라도 선생님은 늘 따뜻한 코멘트를 남겨 주셨어. 지금은 알아. 선생님이 반 아이들의 개별노트를 확인하기 위해 공강시간과 점심시간, 자투리 시간을 엄청 바쁘게 보내셨다는 걸. 원래 맡으신 행정업무와 수업, 담임 업무도 있는데 거기에 학급 자치 프로그램, 그것도 정성이 많이 필요한 걸 스스로 만드셔서 하시다니. 그때는 이런 애환을 미루어 짐작하지도 못했지만, 그건 알았어. 우리 선생님은 선생님을 흉내 내는 사람이 아니구나. 교사에 진심이시구나.

'집단 상담의 날'도 기억나. 5~6명 정도로 이루어진 조별로 한 학기에 한 번씩 방과 후에 모여서 선생님 댁에 갔어. 가서 떡볶이나 김밥 같은 간단한 음식을 함께 해 먹는 것으로 시작해. 그리고 거실 바닥에 둥그렇게 둘러앉아서 친구들과 선생님과 함께 이야기를 나눠. 주제가 있었던 것 같은데 무슨 대화를 나눴는지는 기억이 잘 안 나. 하지만 선생님의 책상에 있던 대학교 졸업식에 찍으신 듯한 가족사진 속 앳된 선생님의 말간 얼굴, 책장에 꽂혀 있던 홍세화의 책 『나는 파리의 택시운전사』는 생생히 기억해. 담임선생님의 댁에 가본 적 없지? 선생님이 공간을 내어 주신 만큼, 난 선생님과 성큼 가까워진 기분이 들고 긴장이 풀린 탓에, 교실에선 하지 못했던 이야기를 입 밖으로 내어놓았던 것 같아. 그게 퇴근 후 휴식을 포기하면서까지 선생님이 원하셨던 게 아니었을까 싶어.

사실 우리 반은 공부는 그저 그랬어. 공부마저 잘했으면 너무 완벽한 반이었겠지. 왜냐하면 단합이 너무 잘 되는 반으로 유명했거든. 우선 어떤 수업이든 자는 아이가 별로 없고 리액션이 좋아서 분위기가 좋은 반으로 정평이 나 있었어. 그리고 학교에서 하는 반 대항 행사에서는 학년에서 늘 1등이었어. 체육대회, 팝송 부르기 대회, 반대항 장기자랑, 수련회 단합대회 전부 말야. 고등학교 1학년이어서 가능했던 것도 있었던 것 같아. 옆에 앉은 친구들을 경쟁자로 보기보다는 갓 중학생 티를 벗어 어리버리한 동료로 바라봤거든. 학급 구성원 모두와 편히 말을 나누고, 누가 옆에 앉아도 어색하지 않았어. 따돌림과 노여움 따윈 없었지. 상상이 가니? 그런 교실이 정말 있단다.

2학기 가을에서 겨울로 넘어가던 즈음이야. 해가 짧아져서 야간자율학습이 시작될 즈음 제법 어둑해졌던 게 기억나. 그날따라 자습을 하기가 너무 싫은 거야. 나무판으로 가려진 자습실 책상에 앉아 있으니 왠지 눈물이 날 것 같더라. 친한 친구에게 마음을 이야기했어. 마음이 너무 지치고 힘들어서 자습을 하기 싫다. 우리 도망갈까?

'선생님, 죄송해요. 오늘은 자습이 너무 하기 싫어요. 내일 많이 혼내주세요. 정말 죄송합니다.'

빠르게 나와서 친구랑 떡볶이를 푸짐하게 사 먹고, 마트에 들려서 괜히 살 것도 없으면서 카트를 끌고 다니며 시시한 과자랑 빵을 사서 나눠 가졌어. 아이스크림 가게에서 디저트를 먹으며 담임선생님께서 내일 어떤 말씀을 하실지 잠시 걱정했어. 그래도 마음이 무겁지 않았어. 이거라도 안 했으면 정말 화장실 칸에 들어가서 울었을 것 같아. 고등학생이면 가끔 그런 날이 있잖아. 무언가 벅차고 고된 기운이 갑자기 밀려온 날. 그런 날이었나 봐. 친구랑 이제 더 할 것도 갈 곳도 없다는 걸 확인한 뒤 집에 갔어. 다음 날 조회시간에 만난 담임선생님은 나와 친구에게 강한 눈빛을 한두 번 쏴주신 뒤 어제 적어 놓고 간 메모를 돌려주셨어. 내가 써놓은 글 아래에 이렇게 써 있었어.

'그런 날도 있겠지 싶다. 오늘은 오늘이니, 내일부터 다시 마음 가다듬고 시작!'

난 고1 담임선생님을 만난 덕에 내가 꿈꾼 교사의 모습을 상상할 수 있게 되었어. 교사뿐 아니라 괜시리 자습이 하기 싫었던 날처럼, 마음의 갈피를 잡지 못하고 흔들리며 방황할 때 선생님을 찾아뵙거나 연락을 드리곤 해. 대학생이 되었을 때, 졸업을 앞두고 진로를 고민할 때, 교사가 되었을 때, 교사로 불리는 게 벅찼을 때, 결혼을 앞뒀을 때, 교사를 그만뒀을 때 모두 선생님을 찾게 되더라. 그래서 선생님을 내 삶의 알람시계라고 이야기하기도 해. 중요할 때마다 잠이 확 깨도록 알람을 울려 주시는 것 같거든. 난 또 언젠가 마음에 고민이 고이면 선생님을 찾아뵙겠지? 이젠 꿈꿔 온 교사의 모습이 아니라 꿈꿔 온 사람의 모습에 대해 물어야 하지 싶어.

05 학교 밖, 교문 너머의 세상과 손을 맞잡아 봐

이런 이야기가 어떻게 들릴까 모르겠어서 학교에 있는 너에게도, 학교를 떠난 나 스스로에게도 조금 조심스럽긴 해. 하지만 너라면 내 진심을 알아줄 거라는 믿음이 있기에 말해 볼게. 나는 3년 차 교사가 되었을 무렵부터 조금씩 혹시 내가 학교라는 공간에 갇혀 모든 걸 사유하는 건 아닐까, 라는 의구심이 들었어. 공간에 대해 제한은 상징적이긴 하지만 분명 새로운 도전과 흥미로운 상상에 이를 수 있는 길에 대한 가능성도 제한하는 것 같더라고. 솔직히 학교 안에서 구할 수 있는 재료와 모두가 함께 사용해 온 루트를 활용해서 일을 하면 더욱 안온하고 합리적인 방법을 도출할 수 있긴 해. 그리고 그에 따른 과정과 결과 모두 안전하고 경제적인 건 거부할 수 없는 달콤한 사실이기도 하고.

근데 1, 2년 차 때는 이 불편한 마음이 무엇인지 구체화하지 못했어. 몸 어딘가가 너무 간지러운데 찾지를 못해서 일단 이곳저곳 벅벅 긁어 대는 꼴과 비슷하달까. 방학을 맞을 때마다 뭔가에 쫓기듯 이것저것 새로운 것들을 찾아 헤매곤 했어. 열심히 검색해서 흥미롭거나 해본 적없는 낯선 분야의 원데이 클래스를 이것저것 신청해서 참여하고 기웃거렸어. 학기 동안 새로 개관한 도서관이나 박물관, 미술관을 기억해 두었다 도장 깨기를 하듯 바삐 다녔지. 원래 여행을 좋아하기도 했으니 국내, 해외 가릴 것없이 행선지를 정하면 빽빽하게 밀도 높은 계획을 짜서미션을 수행하듯 다녀오기도 했고. 학기 중만큼이나 방학도 촘촘하게 지냈던 것 같아. 그래서 좋기도 하고 피곤하기도 했어. 쭉쭉 빨아들이는 느낌이 좋았어. 어딘가 텅 비어 버린 곳이 가득 채워지는 기분이었거든. 그럼에도 잘몰랐어. 도대체 이 불안이 어디에서 오는 걸까.

비움과 채움. 그게 맞았던 거야. '쏟아 내다'라고 해야 할까. 가진 게 그닥 없는 상태였는데, 학교라는 공간에서 학생들을 만난다는 사실에 너무 신이 난 거야. 어쩌면 교사가 아닌 이들은 수업을 대표로 하는 교사의 교육활동을 일컬어, 비슷한 교육 과정과 교육 내용을 바탕으로 같은 내용을 반복적으로 전달하는 일이라 말할지도 모르겠어. 나도 사춘기일 때 '선생님들은 좋겠다. 매번 같은 거 가르치고 돈 벌고'라고 생각한 건방진 아이였거든. 강의 형식으로 지식을 전달하는 건 원래 내가 가진 걸 나눠 주는 것도 있긴 해. 기본적으론 그게 맞아. 그런데 기본 지식에 새로운 사실, 유행하는 문화콘텐츠, 우리 사회가 당면한 문제, 공동체의 화두, 변화한 언어, 시대 정신 등 한 단어로 정리할 수 없는 새로운 것들을 붙이고 떼는 행위의 중요성이 더욱 크다는 걸 알았어. 채워야 할 것들을 찾아 헤매는 삶의 시작인 거야.

원래 방학 때 하곤 했던 문화생활과 여행은 그대로 했지만 그만으로는 부족하더라. 그래서 학기 중에는 온라인 연수를 듣고 방학 중에는 집합 연수를 듣기 시작했어. 교사라서 주어지는 각종 교육 기회들에 대해 찬양했던 건 너도 기억할 거야. 잔소리처럼 들렸을지도 모르지만. 실제로 수업 내용도 좋지만, 그곳에서 만나는 부지런히 공부하는 동료와 선배들이 주는 자극도 쉽게 물렁해지는 결심을 담금질하는 데 너무 큰 도움이 되었어. 생각보다 많은 교사들이 일하는 내내 공부 중인 건 너도 잘 알 거야. 연수에 참석하며 교사는 만년 만학도, 영원한 학생일지도 모른다는 생각도 했어. 생각보다 많은 교사가 퇴직 직전까지 계속 배우고 새로운 걸 받아들이려 노력한다는 것도 알게 되었고.

2년 차 즈음에 교과 특성상 울며 겨자 먹기로 토론 활동에 대한 업무를 떠맡게 되었는데, 알고 보니 그 일이 남은 교사생활의 길잡이가 될 줄 그때는 정말 몰랐어. 교내 대회에서 우승한 아이들을 데리고 전국 단위의 토론 캠프에 참여하게 되었어. 주말에 지방 출장이라니 너무 귀찮아서 끌려가듯 다녀왔는데 웬걸. 세상에 이렇게 멋진 학생들과 열정 넘치는 교사들이 있을 줄이야! 우물 안 개구리였는지도 자각하지 못했던 것에 대한 부끄러움을 느끼며 큰 깨달음을 얻고 학교에 와서 토론 동아리를 새로 만들었어.

그다음엔 너도 알지? 너도 열정 넘치던 시절의 내가 만든 토론 동아리의 초대 희생자였잖아. 너와는 어느 도시에서 밤늦도록 숙소에 엎드려 과자를 먹으며 토론을 했더라. 광주, 부산, 김해, 청양, 양평. 지금 기억에 남는 도시들은 이정도네. 해마다 아이들을 앞세워 토론 캠프를 다니며 울고 웃었어. 학교 밖에서 훌쩍 자라는 너희들을 보는 즐거움만큼이나, 단단하게 제련된 내 자신의 성장을 어렴풋이 느끼는 것도 예상한 것보다 더 좋은 자극이었어.

열심히 남겨 봤는데 문득 아차 싶어. 공들여 길게 남긴 잔소리가 되어 버리면 어쩌지! 당연한 이야기를 이렇게 길고 정성껏 남겼다고 할까 싶기도 하고. 그럼에도 혹시나 어쩌다 한 번씩 '학교가 생각보다 넓은 게 아니었구나'라는 의구심이 든다면, 숨 쉬는 게 버겁거나 학교의 공기가 조금 답답하고 무겁게 느껴지는 순간이 온다면, 속는 셈 치고 한번 내가 해본 방법에 대해 고려해 보면 좋겠다. 지금이라도 까치발 들고 학교 담장 너머 바깥을 한번 슬쩍 봐봐. 학교에서 미처 발견하지 못한 길이 있을지도 몰라.

06   먼저 걸어가신 선생님들의 발자국 따라

.

하루에도 몇 번씩 접속하는 업무포털. 학기 초에 올라오는 공문의 제목을 훑어보면, 너도 이제는 대충 감이 오지? 올해 본청과 지원청에서 주력하는 사업이 무엇일지가 말야. 제목에서 비슷한 의미를 가진 키워드가 계속 반복되잖아. 창의인재, 세계시민, 한 학기 한 책 읽기, 4차 산업혁명, 미디어 리터러시, 마을교육공동체, 고교학점제 같은 것 말야.

우리 시대를 관통하는 교육 기조와 방향은 당연히 있어야 하고 교육계의 탑다운 방식의 사업 전개의 역사는 유구한 만큼 긍정적이고 경제적인 방식이라는 것에 동의해. 근데 손바닥 뒤집듯 자주 바뀌는 교육 어젠다로 균형

잡기가 어렵다고 느낀 적이 있었어. 참 좋은 사업이었는데 예산 부족으로 금방 사라지는 일회성 프로그램도 많고. 나중에는 학교 상황에 맞는 프로그램에 선택과 집중을 할 수 있도록 본청에서 연간 교육 사업의 개요를 간략히 정리한 문서를 작성해서 새 학기 전에 미리 공지해 주는 것으로 바뀌었지. 공문의 홍수를 막고 학교별로 분산해서 지원해서 보고서와 계획서의 남발도 줄여 줬어.

이건 그러한 합리성이 발휘되는 세상에 도달하기 전, 조금 과거의 일이야. 내가 보기에 그해 업무 포털의 슈퍼스타는 '장학' 같았어. 새 학기부터 본청과 지원청에서 장학에 대한 공문이 속속 도착했지. 안 그래도 학교 평가 항목에 동료 장학, 자율 장학처럼 학교에서 자체로 시행하는 장학의 횟수가 들어가던 시절이었어. 대부분의 교사가 1년에 한 번씩은 수업을 공개하고 서너 번 동료의 수업을 참관하고 있었어. 그러한 상황에서 올해는 대대적인 컨설팅 장학을 하게 되었지. 학교 대표 컨설팅 장학을 어느 교과에서, 어느 부서에서, 어느 사업에서, 어느 교사가 주도해야 하는가. 결정의 조건은 '어느 교사'에 정조준 되었어.

그럼 사업도, 부서도, 교과도 저절로 정해지는 거니까.

패자가 어느 정도 정해져 있는 폭탄 돌리기가 시작되었어. 째깍째깍거리며 지금 터져도 이상하지 않을 그 폭탄은 소수 교과이자 기간제 교사이자 심지어 막내 라인에 속하던 내 발밑에 멈췄어.

'우리 학교의 비전과 철학을 고민한 뒤, 장기적으로 가장 필요한 영역에 컨설팅이 필요한 거 아닌가?'

아니. 이건 처음부터 진정성을 갖추고 몰두해야 할 그런 일이 아니었어. 그냥 새 학기의 균형을 무너뜨릴 초대형 폭탄일 뿐인 거지. 홍 선생 참 순진한 소리 한다며, 그렇게 입바른 말 누구는 못 하냐며. 진심을 드러냈을 때 대번에 초라해질 수도 있겠다 싶었어. 말을 아껴야 할 때임을 알았어. 다행히 잘못하면 속된 말로 누군가를 멕이는, 그러니까 누군가를 콕 집어 말하는 저격성 멘트가 되어 학교 구석구석 배달될 수 있음을 깨달을 만큼의 사회적 지능은 갖춘 상태였어.

그래도 혹시나 싶어 주위를 둘러봤어. 건네줄 곳이라고는 나처럼 웃는지 우는지 모르겠는, 참 어설픈 표정을 짓고 있는 내 또래의 동료들뿐이더라. 그래서 하겠다고 했어. 언젠가 또 나타날 대형 사업, 혹은 폭탄을 거절할 수 있는 티켓을 하나 적립해 놓는다는 얕은 셈도 해보았어. 그래 한번 되어 보자. 폭탄 해체 전담반.

컨설팅 장학을 기피하는 가장 큰 이유는 과도한 페이퍼 워크가 커서 그랬던 것 같아. 사전 보고서, 의견서, 계획서, 현황 보고서, 결과 보고서, 회의록 등등. 머릿속을 둥둥 떠다니는 단어를 불러다 앉힌 뒤 어르고 달래서 구절과 문장으로 예쁘게 묶어 흰색 평면에 배치했어. 도표, 그래프, 그림과 사진들과는 그리 친하지 않았지만 글씨로 빽빽한 보고서 중간중간에 넣어 억지 율동감을 주었지. 보고서 작성의 과정도 창작의 고통이 엄청나잖아. 대체로 개조식으로 작성하는 보고서 글투에 절여져서 '밥 먹기'도 '양질의 영양분 섭취로 고열량 에너지 습득' 같은 한자어를 남발하는 번역 AI가 된 것 같았어. 한동안 문서 업무에 허덕이고 있는 나를 부장이 급히 불렀어. 교장이나 장학사

급의 장학 위원장은 내정되어 있지만, 장학 위원은 내가 직접 섭외해야 한다며. 자신은 발이 좁고 해당 업무의 문외한이라.

아직 울 때는 아님을, 너무 바쁘면 오히려 각성 상태가 돼서 정신이 무한대로 맑아지잖아. 생각보다 두뇌 회전이 빨랐어. 진짜 한순간에 떠오른 멋진 분이 계셨어. 해당 분야에서 저명한 한 선생님이 계셨는데, 학부 때 감명 깊게 읽었던 논문의 저자셨고 같은 교과 교사가 모여 있는 단톡방에서도 늘 교육적 어젠다를 이끄는 말씀을 하시곤 해서 마음으로 따르고 있었거든. 마침 가까운 지역에 계셨고 학교급도 같아서 부탁드려 보자 결심했지. 어떻게 말씀드려야 할지 예행 연습을 많이 하긴 했어. 업무적으로 여쭙고 싶은 것도 많았고. 심호흡 크게 한 번 하고 전화를 했어. 인사 한 번 드린 적 없는 후배 교사의 갑작스런 연락에도 너무나 따뜻하고 인자하셨어.

"부디 아니기를 바라지만, 지금 홍 선생님께서 처한 상황이 어떤지 조금 알 것도 같아서요."

길지 않은 대화에서도 쩔쩔매는 햇병아리 교사의 동동거림을 간파하셨나 봐. 몇 마디 나누지 않았는데 장학위원 역할을 흔쾌히 승낙해 주셨어. 그것도 모자라 컨설팅 장학 준비에 대한 팁도 왕창 주셨고. 그때의 내게 필요한 격려와 다독임, 피가 되고 살이 되는 조언까지 아낌없이 다 내어 주셨어. 모든 사람이 어떤 일이 매우 쉽고 능숙하다고 해서, 언제나 도움을 줄 준비를 하고 있진 않잖아. 그런데 내가 만난 선배 교사 중에는 자신이 가진 지식과 능력을 언제나 내어 줄 자세를 하고 있는 분들이 많았어.

　기대치 않게 용기를 풀 충전한 전화통화를 마치고 알았어. 아, 지금이 울 때구나. 대화를 할 때는 꾹꾹 참았지만 전화를 끊고 나서 밀려오는 감동 때문에 어둡고 텅 빈 교실에서 처음으로 조금 울었단다.

　단촐한 1인 폭탄 해체 전담반에 슈퍼히어로처럼 등장하셨던 선생님께서는 회의 때도 역시나 빛이 나셨어. 능숙한 언변과 부드러운 카리스마로 진행자 역할을 자처해 주셨고 덕분에 회의는 순조롭게 진행되었지. 우리 학교의 사례를 분석하신 뒤 맞춤형 이론과 실천 방향을 준비해 오셔서 솔루션 격의 실질적인 제안도 듬뿍 나눠 주셨어. 업무 중에 내가 비슷한 얘기를 할 때는 반응이 뜨뜨 미지근했던 관리자들이 선생님 말씀에는 역시나 귀를 쫑긋 귀울이는 게 보이더라.

"혹시 근무하며 어려운 점이 있나요?"

실은 회의 전날 선생님께서 전화를 주셨어. 자료를 검토하시다 문득 생각이 났는데, 혹시 앞으로 학교에서 추진하고 싶은 교육 프로그램이나 수업 방식, 내 교육철학의 방향성에 대해서도 알고 싶어 하셨어. 그때는 부족하긴 하지만 혹시 차후에 협업할 수 있는 게 있을까 싶어서 여쭤보시는 줄만 알았지. 회의 막바지에 이때 전화로 나눴던 이야기를 컨설팅 솔루션에 자연스럽게 포함해서 말씀해 주신 거야. 선생님 덕분에 하고 싶었던 교육 프로그램도 교내에서 진행할 수 있게 되었어.

그날 이후 내가 꿈꾸던 '멋진 어른'의 조건에 한 가지

를 더 추가했어. 우아하고 세련된 배려를 하자. 그리고 다
짐했지. 나도 언젠가 저렇게 방파제처럼 든든한 선배가 되
어야겠다고.

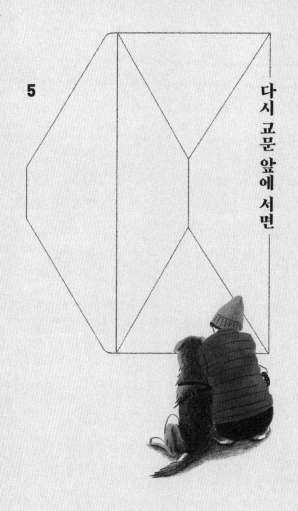

5

다시 교문 앞에 서면

01 박수 칠 때 떠날 수 있을까. 퇴직단상

　난 어렸을 때 엄마랑 언니랑 목욕탕에 가면 온탕에서 가장 마지막까지 머무는 아이였어. 그럴 때마다 엄마는 "우리 둘째 딸은 참 끈기가 있어"라며 칭찬 비슷한 말씀을 하셨지. 별거 아닌 그 칭찬을 듣는 게 좋아서 사실은 뜨겁지만 끝까지 참았던 것 같아. 그 아이는 때때로 슬프지만, 힘들지만, 두렵지만, 아프지만, 버겁지만 등의 마음을 외면하고 잘 참는 어른이 되었어. 칭찬이 듣고 싶어서. 끈기 있는 사람을 동경해서.

　몇 개의 학교를 거치며 정년퇴직이나 명예퇴직을 하는 선배 교사들의 퇴임식에 참여했어. 너도 알겠지만 국·공립 교사의 정년은 만 62세야. 사범대를 졸업해서 교원자격증을 취득한 뒤 공백기 거의 없이 임용되신 분들 중에는 근속연수가 35년이신 분도 계셨어. 한 개의 직업을 30년 넘게, 예순 살이 넘어서까지 하시다니. 가만히 있어도 꼬박꼬박 챙길 수 있는 유일한 것이 나이인데, 당시의 내겐 너무 까마득한 세월이 쌓인 거다 보니 교사로서 퇴직을 한다는 것이 실감이 나지 않았어. 그래서 더욱 멋지게 보이더라. 만감이 교차하는 표정으로 연단에 서서 동료와 후배 교사들, 제자들을 바라보시던 선생님의 모습이. 웃음을 머금은 눈으로 가는 눈물 줄기를 흘리는 분도 계셨고, 함께 일한 동료들에게 손글씨로 카드를 써주신 분도 계셨어. 어느 날엔가는 나도 슬쩍 꿈꿔 보기도 했지. 만약 내가 퇴직을 한다면, 나는 퇴직할 때 어떤 표정으로, 무슨 말을 할까. 후회 없이 멋지게 하고 싶은데.

그랬던 내가 정년퇴직도, 명예퇴직도 아닌 '셀프 퇴직'을 꿈꾸는 퇴직 꿈나무가 될 줄이야. 일을 하며 알아 버렸어. 어린 시절 온탕에서 가꿔 왔다 믿은 끈기는 원래 나의 것이 아니었던 거야. 일을 하며 선명해졌어. 내가 나로서 행복할 수 있게 하는 끈기의 정의는 '싫어하는 걸 오래

참아 내는 것'보다는 '좋아하는 걸 오래 해내는 것'과 더 닮아 있더라. 난 참는 것보다는 끊임없이 시도하는 것에 대해 더 큰 끈기를 가진 사람이었어. 잘 참아 내지 못하는 교사라니. 그걸 깨닫고 나니 조금 명쾌해졌어. 나보다 학교와 교사라는 귀중한 자리에 걸맞는 사람에게 이 자리를 비워 줘야 함을.

나의 경우는 "퇴사의 이유는 바로 이것입니다"라고 명확하게 딱 잘라 말하긴 어려워. 이 일을 사랑한 만큼 오랜 시간을 들여 신중하게 숙고했지. 첫 마음은 아마 어깨가 아프면서부터였을 거야. 대수롭지 않던 성가신 통증이 일에 집중하기 힘들 정도로 세졌고, 밤에 잠을 못 잘 정도로 심해졌거든. 병원 투어를 하고 대수술도 할 뻔하고 병가도 내보았지만 아픔을 다스리며 일하는 현명한 방법을 찾는 것에 실패했어. 거기에 정말 하고 싶은 또 다른 일에 대해 고민도 포개졌어. 교사로 근무하며 기회가 닿아 멋진 선배들과 함께 작업한 5권의 책 집필, 간간이 잡지와 신문에 기고할 글을 쓸 때마다 반짝하고 살아나던 나. 쓰기에 대한 열망을 구체화해 보고 싶다는 또 다른 꿈. 그 모든 것이 동력이 되어 학교를 나갈 용기를 준 것 같아. 멋진 이직, 창업같이 다음 단계를 위한 발판은 없지만, 차분히 걷고 있는 이 길이 교사의 길만큼이나 난 좋아.

마지막으로 근무한 학교에서였어. 어느덧 마음속 사직서에는 이미 짙고 선명하게 도장을 찍은 뒤였고, 주위에는 밝히지 않은 채 스스로 엠바고를 걸어 놓은 때였지. 한 선배 교사가 갑작스럽게 명예퇴직을 하게 되었어. 당시 학교에 불미스러운 일이 있었는데, 대부분 그에 대한 책임성이 짙은 퇴임이라고 말하곤 했어. 이 학교는 본래 행사 잘못 치러 죽은 귀신이 있는 곳인 것마냥 '식'자만 들어 갔다 하면 일류 이벤트 회사처럼 일사분란하게 움직이는 곳이었거든. 퇴임'식'이 신속하고 간결하게 진행되는 것을 보며, 누군가의 마지막 지점을 흐릿하게 남기고 싶은 사람들이 있는가 보다 싶었어.

동료 교사들이 시청각실의 좌석을 듬성듬성 채워 앉았어. 제자들로 붐비곤 했던 여느 때와 달리 학생 중에는 학생회장 한 명만 참여한 걸로 보였어. 전에 없던 간소한 절차와 규모에 때아닌 현기증이 일었어. 아이들이 없어 모처럼 차분한 분위기였던 2월의 금요일 어느 오후의 느슨한 시간인 것 치고 식은 거칠게 마무리되었어. 한 교사의 마지막이 이런 적은 처음이지 싶어 멍하고 아득한 기분에 사로잡혀 앉아 있는 사이, 퇴임 교사가 단상에 섰어. 어떤 표정이실까 떨리고 겁났지만 마침내 용기 내 올려다본 그분의 얼굴은? 활짝 웃고 계셨어. 그 얼굴을 보는 순간 눈물이 핑 돌았어. 내가 알기로는 수없이 많은 일을 자주, 오래, 멋지게 참아 오신 분이었는데. 그려 오신 것과는 조금 달랐을지 모를 마지막의 순간에 서 계신 마음이 어떠실지 생각하니 슬펐어. 그날 개인적인 감상이 겹쳐 말도 안 되게 펑펑 울어 버린 모양이야. 동료들이 반은 놀라고, 반은 놀리며 "감동하시게 빨리 저 선생님 앞에 가서 울어"라고 말했어. 나는 참지 못하고 결국 도망쳤는데, 마지막의 마지막까지 마지막을 지켜 내는 교사 앞에 선 나의 부끄러움이 희석된 눈물이었나 봐.

학교를 나가려 한다는 결심의 엠바고를 푼 뒤부터 지금까지 대부분의 동료들은 이렇게 말해. 쉽지 않은 결단을 한 나의 용기가 멋지고 부럽다며. 그럴 때마다 난 그 말을 한 동료들에게 늘 진심을 담아 이야기하곤 해.

"학교에 남을 수 있는 용기가, 자리를 채우고 있는 그 끈기가 백배 더 멋져요."

퇴직을 하신 선생님을 보내 드렸던 그 자리에서는 눈가가 빨개지도록 울었지만, 지금의 나라면 눈가가 아니라 양 손바닥이 빨개지도록 우렁찬 박수를 쳐드리고 싶어. 슬프지만, 힘들지만, 두렵지만, 아프지만, 버겁지만 끈기 있게 버텨 주셔서 감사하다고. 귀한 자리를 채워 주셔서 감사하다고.

02 누구나 가슴속에 사표 한 장쯤 품고 있잖아요

사표 혹은 사직서라 하지. 하루하루 출근하기도 전에 퇴근을 꿈꾸는 평범한 월급쟁이 회사원이라면 생각하는 것만으로도 가슴에 사무치는 그 이름. 나 또한 평소보다 거칠고 버거운 날의 끄트머리에 설 때면 자연스럽게 떠오르곤 했어. 집에 가는 길에 포털 사이트에 '사직서 양식'을 검색해서 유심히 살펴봤지. 내가 본 몇몇 드라마나 영화에서는 사직서를 넣은 봉투에 꼭 한문으로 기입하던데 어떻게 쓰는 건지 알아 둬야 하는 거 아닌가? 그래서 그나마 익숙한 서(書) 자를 제외하고는 사직(辭職)을 손바닥에 몇 번 쓰며 외워 보곤 했어. 평소 가져 본 적 없는 철두철미한 준비성을 발휘했지. 그러다 피식 웃음이 나오기도 했어. 나 지금 뭐 하는 건가. 한 차례 그러고 나면 다시 가슴이 차갑게 식어. 그렇지. 아직은 GG(Good Game) 칠 때가 아니라고, 정말 끝에서 끝에 닿으면 누구보다 가슴 한 켠에 숨겨 둔 사직서 멋지게 꺼내 고이 접어 나빌레라!라는 상상을 했어.

그런데 너도 예상하겠지만 실제로 사직을 하는 과정을 겪어 보니 상상과 현실은 많이 달라. 일단 어느 날 갑자기 품어 둔 사직서를 흩뿌리는 건 조직에도, 관리자에게도, 동료에게도 정말 민폐 가득한 행동이기 때문에 두고두고 회자될 일이야. 절대 그러면 안 되고, 퇴직을 하기 최소 서너 달 전, 넉넉히 한 학기 전에는 퇴직 의사를 밝히는 게 좋은 듯해. 퇴사의 결심이 확고하다면 조직 전체에는 아니지만 최소 인사권자에게 말하는 시점은 이를수록 좋지 않을까 싶기도 하고.

퇴밍아웃! 어쩌면 내 삶에서 다시 오지 않을 짜릿하고 호쾌한 순간이지 싶어서 퇴사를 밝힌 후 사람들이 내게 건낸 말들 중 인상 깊었던 문장을 메모해 두었어. 혼자 품고 있다가 혹시나 삶이 또 억지 주장을 하며 나를 흔들

때 '내게도 이런 즐거운 순간이 있었지!'를 떠올리며 다잡으려 했거든. 내게는 나름 소중한 문장을 살짝 몇 개 공개할게.

친구 A
"학교가 너무 괴롭혔구나… 그만 좀 괴롭히지."

이 친구는 어떠한 경험으로 인해 학창시절부터 학교라는 공간을 그리 좋아하지 않았어. (우리처럼 학생으로 졸업하고 교사가 되어 제 발로 다시 학교에 가는 사람들을 이해하지 못했지.) 만나서 서로의 업무 공간에 대해 이야기할 때면 우리가 학생으로서 다닐 때와 그다지 변하지 않은 듯한 학교의 보수성과 불변성의 영역을 불편해했지. 하지만 내가 학교를 사랑하는 걸 알았기에, 그리고 날 아끼고 보듬어주는 지인이다 보니 내가 큰 상처받지 않고 좋아하는 일을 할 수 있기를, 좋아하는 조직에 기여할 수 있기를 바랐을 거야. 그랬던 내가 결국 '사랑을 했다' 상태로 학교에서 튕겨져 나오는 것 같아 보이기에 나보다, 나만큼 속상해했던 것 같아. 하지만 너도 알다시피 난 영원히 학교를 사랑하잖아. 친구도 대화를 이어 가며 내가 만신창이 상태로 괴롭힘을 당해 퇴사를 하는 것이 아님을 알게 되었어. 그래도 여전히 기억해. 물기 가득 맺힌 친구의 목소리.

친구 B

"잘했다. 진작 나갔어야 해! 나도 곧 나갈 거야."

우린 퇴사 꿈나무였어. 만나면 도대체 언제 퇴사해야 가장 좋은가에 대해 농담 반 진담 반으로 이야기 나누며 서로 마음을 다잡던 사이지. 우리 사이의 개그코드인데 어떤 대화를 하면 끄트머리엔 "그래서 언제 퇴사할 건데?"라는 말로 마무리하고 크게 웃어 버리곤 했어. 근데 웃긴 건 말야, 나의 퇴사 파트너였던 이 친구는 아직도 같은 일을 해. 멋지게 경력을 쌓아 가고 있어. 그리고 또 웃긴 건 사실 난 어렴풋하게 알고 있었어. 얘는 퇴사를 하지 않을 거라는 걸. 왜냐면 자신의 일을 너무 멋지게 해내고 있거든. 결국 예전에 출산으로 잠시 휴직을 했을 때 인정하고 말았어. 아이가 너무 예쁘지만 빨리 회사로 돌아가고 싶다는 거야. "난 사실 내 일이 너무 좋은가 봐"를 고백했어. 너무 멋진 거지. 나의 퇴사 후 라이프에 대해 늘 관심 갖고 응원하고 물어봐 주곤 해. 나도 엄마가 되어서도 자신의 영역에서 선구자가 된 친구가 멋지고 좋아. 함께 퇴사를 이야기했을 때 나눈 말이 의미 없다고 생각하니? 난 아니야. 아무렴 어떻니. 원래 친구는 그런 거잖아. 순간의 진심을 기울여 서로의 말에 귀 기울이는 것. 그리고 어디에서 무엇이 되어 있어도 늘 지지하고 응원하는 것.

교감 선생님 A
"다들 그러려니 하면서 일하는데…"

이 말을 처음 들었을 때는 예상한 범위 내에 없던 반응이라 충격. 하지만 한편으로는 참으로 그다운 말이어서 고개를 끄덕이며 수긍했어. 원래 함께 일하며 의사소통을 할 때 나를 포함한 구성원 누구에게나 늘 솔직하고 직설적인 태도를 가졌다고 평가받는 분이셨어. 그래서 나쁜 뜻이 있기보다는 아마 누군가는 마음속에 품어 두었을 생각을 솔직하게 말로 전달하신 거겠지 싶었어. 혹은 이 멋지고 훌륭한 직업을 이렇게 쉽게 버리는 행위에 대해 이해가 되지 않아 불쑥 나온 안타까움이셨을까? 교사라는 직업에 대한 책임감만큼 자부심도 크신 분이셨거든. 몸이 부서져라 일을 하시는 분이라 나처럼 과로로 병가를 내신적도 있기도 해, 서로 동병상련을 나눈 기억도 있네. 이젠 흐릿해진 추억이지만 앞으로 선생님의 교직 생활에서 '그러려니 하기'가 너무 버겁지 않기를, 버티실 수 있을 만큼만 고되기를 바라 본다.

동료 교사 A
"나는 정년퇴직 하고 나서 뭐 할지 계획 중이었는데! 아직 멀었지만…"

이건 햇병아리 시절 함께 뒹굴며 중견 교사로 성장한 나의 소중한 임용 동기 동료의 귀여운 소감이었어. 구김살 없이 밝고 긍정적이라 암흑이 내리운 교무실에서 바라보면 늘 눈부실 정도의 자연광을 발휘하는 멋진 사람이야. 그래서 저 말을 듣고 웃음을 참기는 힘들었어. 역시나 너무 그다워서. 우린 30대였는데 정년퇴직 후의 계획이 너무 구체적인 거 사실 웃기잖아. 종종 "나중에 퇴직하면 해야겠다!"라는 말을 하곤 했어. 너무 먼 미래 같아 웃었지만, 사실 또 언젠간 올 미래잖아. 그리고 그는 분명 하나씩 차근히 다 할 것 같았거든. 평소 긍정적이지만 결코 빈말 따위는 할 줄 모르는 정직한, 그래서 어느 누구와의 약속보다 자신과 한 약속을 가장 잘 지킬 것 같기에. 나의 마지막 퇴근 날 함께 교문을 나서며 연신 방실방실 웃으며 분위기를 밝게 만들어 주던 모습도 기억해. "아휴, 당분간 이 근처는 오지도 마! 멀리 떨어진 곳에서 만나자고"라 말하며. 참 좋은 동료가 있어서 다행이야. 가끔씩 퇴사 날을 추억할 때마다 베시시 웃을 일이 있는 게 어디니.

교장 선생님 A
"잘할 거야. 선생님은 야망이 있는 사람이니까."

솔직하게 말해 줄래. 나 야망 있는 사람으로 보이니? 교장 선생님은 내가 이 학교에 임용되었을 때 나의 첫 부장교사셨어. 치기 어렸던 초임 시절의 모습을 기억하고 계셔서 이런 말을 하셨는지도 몰라. 그때는 지금보다 많이 어렸고, 그래서 내가 조금 더 열심히 하면 뭐든 달라질 수 있을 거라는 일종의 희망을 가득 품기도 했었지. 학교에서 운 적이 몇 번 있는데 꼭 교장 선생님 앞이었던 것 같아. 교육에 대해 제법 큰 꿈을 품고 계신 분이었지만 아쉽게도 나와는 방향이 달랐는데, 그 또한 알고 계신 것 같았어. 학교에서도 야망을 품을 수 있으면 좋았을 텐데. 못내 아쉽다.

동료 교사 B
"가지 마."

이제는 만났을까? 교직관 혹은 교육관이 잘 맞는 동료 말야. B는 업무적 접점이라곤 하나도 없던 사이인데 사석에서 우연히 이야기를 나눈 후 가치관이 잘 맞아서 얼싸안지는 않았지만, 그 정도로 '왜 이제야 나타난 거예요!'를 떠올릴 만큼 학교 안에서 같은 꿈을 가꿔 가던 교육 동지였어. 고민에 부딪히면 쪼로록 달려가 종알종알 늘어놓고는 해결의 실마리를 얻어 간 적이 많아. 실험적인 프로그램도 함께 기획해서 해보고 길고 긴 반성을 나누고. 학교에서의 뜨거운 시간 속 곳곳에 B가 있었지만, 어느덧 그도 학교를 나와 새로운 세상에 서 있구나. 누구보다 교사가 천직인 것 같은 동료였는데 현명한 사람인 만큼 공동체에 기여할 수 있는 또 다른 멋진 길을 개척하고 있어. B야 너답게 잘 가고 있지?

교사로서 내게 남겨진 마지막 말들을 보니 어떠니. 큰 도움이 되긴 어려울지 모르지만 오늘도 학교에서 마음을 다잡고 있을 너의 어떤 순간에 작은 버팀목이 되길 바라본다. 너 또한 분명 상의 안주머니 깊숙한 곳에 품어 두었을 사직서가 있을 테지? 언젠가 그 사직서가 세상 밖으로 나와야 할 때를 마주한다면, 갑작스럽거나 속상해서가 아니라 스스로 준비해 오고 납득할 수 있는 순간이기를. 가장 평온하고 적당한 순간에 도래하기를.

03   애들아, 하고 부를 때

　　일을 하는 사람들은 다들 각자의 방식으로 크고 작은
병을 키웠다 줄였다 하며 살아가는 것 같아. 비슷한 직군
에 있는 사람들은 아픈 곳도 비슷하다지? 교사들도 일의
형태와 특성에서 발현한 비슷비슷한 질병을 안고 있곤 해.
교무실에 모여서 요즘 불편하고 아픈 부위와 증상을 나누
고 좋은 병원과 민간요법, 영양제나 음식에 대한 정보를
공유하는 것이 소소한 일상이었지. 서서 수업을 하는 연유
로 하체 부종이나 하지 정맥류, 족저근막염 등의 질환을
달고 사는 교사들을 종종 봤어. 요추나 경추 디스크 통증
을 호소하는 분들도 어느 학교에서나 만났고. 저마다 아픈
부위와 통증의 정도가 다른 건 꼭 교사 일을 해서라기보
다는, 타고난 몸의 컨디션이나 습관에서 비롯된 것도 있을

거야. 하지만 이것만큼은 교사기 때문에 앓게 되는 질병이라 말할 수 있을 것 같아. 바로 목의 통증.

"요기 하얗게 보이는 두 가림막이 성대인데, 이 접합부가 너덜너덜하네요. 두 개가 맞물려서 꼭 닫혔다 열렸다 하며 떨려야 하는데 너덜너덜해서 공기가 새고 통증이 생기죠. 목소리가 원하는 만큼 안 나고요. 그럴 때 아마 목을 더 자극해서 더 큰 목소리를 내시다 점차 악화된 걸 거예요."

나 역시 교사 생활의 여러 위기 중 손에 꼽는 시기가 바로 성대 결절 초기증상으로 인해 목소리가 안 나왔던 때였어. 진료를 보던 의사 선생님이 직업이 뭐냐고 묻기에 "교사입니다"라고 했더니, "아~"라는 짧은 탄식을 하셨어. 그 후엔 어차피 목을 안 쓰실 수는 없으니, 라는 단서와 함께 내가 할 수 있는 일과 약간의 잔소리를 들은 후 진료실을 나왔던 것 같아.

교사 평균 시수가 일주일에 17차시, 18차시 정도 되려나. 주5일 근무니 하루에 네댓 시간 수업이라고 생각하면 많지 않다고 생각할 수도 있겠지? 하루에 서너 번, 한 번에 40~50분 동안 거의 쉬지 않고 말하며, 강의를 위해 평소 말하기 2~3배 이상의 성량을 발휘하는 것이니 이에 대해 교사는 목을 많이 쓰는 직업이라 표현해도 되는 정도는 되는 것 같아. 다들 자기 취향에 맞는 다양한 마이크를 쓰시더라. 성능이 좋고 가벼운 마이크를 공동구매한 적도 있었어. 전자교탁이 교실마다 들어온 이후엔 스피커가 설치되어 있어서 요즘처럼 블루투스 마이크만 연결해서 사용하게 되었어. 내가 임용된 초창기엔 허리에 작은 스피커를 차고 그보다 조금 더 작은 마이크를 한 손에 들거나 옷깃에 꽂고 사용하기도 했어. 한 손에 마이크를 들면 강의 내용에 적절한 제스처를 해야 할 때나 판서가 불편해서 헤드셋 마이크를 쓴 적도 있고. 그러다 마이크가 영성가시면 안 쓰게 되기도 했어. 물론 원래 마이크를 쭉 안 쓰시는 분들이 더 많았던 것 같아. 스피커를 통과하지 않고 직접 전해지는 교사의 육성이 주는 현장감과 전달력을 위하여.

이제는 매해 수업을 하고 있을 너도 잘 알겠지만 교사는 정말 말을 많이 하는 직업이지. 수업을 할 때는 당연하고, 수업이 없는 공강 때에도 맡은 행정 업무를 처리하기 위해 동료 교사와 대화 혹은 토론을 해야 하고, 외부 인력과 업무 조율을 위해 통화를 해야 하는 일. 교무실은 교사의 사무실이자 상담실이자 회의실이기에 늘 수많은 말과 대화에 노출되어 있는 곳이 우리의 업무 환경이잖아.

퇴직을 하고 나서 제법 빠르게 느꼈어. 말을 하지 않아도 되는 것에서 시작된 내 세상의 고요를. 하루에 말하는 양이 크게 줄게 됨에서 오는 위안이 있는데, 현직에 있는 너는 잘 모르겠구나. 마침내 말하고 싶지 않을 때 말하지 않아도 되는 자유를 얻은 내향인의 안도감이랄까. 비록 교사였지만 실은, 난 말을 하는 걸 싫어해. 말을 하는 것보단 듣는 게 좋고, 그보다 읽고 쓰는 걸 좋아해. 리듬 타는 걸 싫어하는 가수이거나, 타인을 관찰하는 걸 싫어하는 연기자 정도와 맞먹으려나. 그러고 보니, 그럼에도 나 교사 꽤 오래 한 걸지도.

퇴직을 하던 해와 맞물려 반려견을 입양하게 되었어. 가족과 상의해서 결정한 입양 시기는 사실 나의 퇴직 타이밍과 결부되어 있기도 했지. 출퇴근을 하는 사람을 빼니 집에서 글을 쓰는 내가 반려견의 주 양육자가 되었어. 내가 흔쾌히, 자랑스럽게 맡기로 한 역할이기도 해. 일전에 쓴 책에서도 얼핏 밝혔지만 약간의 과장을 실어 표현해 보자면, 반려견을 양육하기 위해 학교를 관뒀다고 말해도 될 정도거든. 나의 반려견과 어느 정도 교감을 이룬 후부터는 종종 유기견 임시 보호라는 걸 해. 임시 보호는 위험한 환경에서 구조되었거나 지자체 유기동물 보호소에 입소한 유기견을 내 집으로 데려와 가족을 찾을 때까지 필요한 돌봄을 제공하는, 말 그대로 임시로 보호하는 봉사야. 우리 집 반려견이 있을 때보단, 임시 보호를 할 때 두어 마리의 개가 있으니 개네들에게 동시에 말을 하는 일이 많아졌어.

　애들아.

　어느 날, 자동차 뒷자리 창가에 놓인 카시트에 각각

앉아 있던 나의 반려견과 임시 보호견을 백미러로 바라보며 동시에 불렀어. 그 순간 무언가 아득하고 그리운 기억들이 밀물처럼 밀려들어 마음을 적셨어. 잊고 있었지. 내가 학교에서 너희에게 가장 많이 썼던 말이라는 걸. 얘들아, 얘들아. 난 이젠 교사도 학생도 수업을 할 때는 한없이 서로를 존중하는 마음을 담아, 서로 존대를 해야 한다는 교수님의 말씀에 탄복해, 교단에 서면 꼭 학생에게 존대를 하겠다 마음먹은 학부생이었어. 교사가 된 후 수업에서 존대를 하는 건 처음부터 해 버릇 하니 별로 어렵지 않았어. 오히려 수업에서 반말을 하는 게 어렵더라. 그런데 희한하게 '여러분'이 입에 붙지 않는 거야. 머릿속에 '네가 만약 괴로울 때면~' 노래를 부르는 가수 임재범과 윤복희가 번갈아 떠올랐기도 했고, 어릴 때 잠깐 다녔던 웅변학원에서 이 연사 힘차게 외쳐야 하는 거창한 문장 앞에 꼭 포문을 여는 말이기도 해서 오그라드는 기분이 들었고.

애들아.

잠귀 둔 감정이 생각지 못한 타이밍에 범람했어. 순간

수많은 기억들이 해일처럼 밀려왔어. 너희를 부르며 하루를 시작했던, 징그럽게 치열해서 그리울 거라 한 번도 생각해 본 적 없던, 그 찰나의 익숙한 공기와 낡은 감정들. 그저 그렇고 비슷비슷한 줄 알았는데 떠올려 보니 모두 다른 모양으로 남아 있는 그 많고 많은 날들. 내가 부르면 기꺼이 맞춰 주던 빛나던 수십 개의 눈동자들. 어느 날은 기대에 찬 눈빛이었다, 또 어느 날은 원망과 아쉬움이 담긴 눈빛들. 이 선생님이 또 무슨 말을 하려고 부르시는가, '애들아'를 외친 내 입 끝에 따라붙던 너희들의 투명한 호기심들. 많은 감정들 중 다시 마음의 심연으로 돌아가지 못한 채 결국 내 마음의 백사장에 남은 감정은 그리움이더라.

오늘은 그리운 너희들의 안부를 물어보고 싶어.

애들아,
보고 싶다.
모두 잘 지내지?

04   네가 학교를 그만두어 다행이야

　우리 엄마의 어릴 적 꿈은 어디든 좋으니 여대의 사범대를 졸업해서 교사가 되는 거였어. 그렇지만 화목함과 반비례했던 경제 사정을 가진 넉넉잖은 가정에서 육 남매 중의 맏딸로 태어난 엄마의 꿈은 상상해 내는 것만으로도, 몰래 품고 있는 것만으로도 버거운 일이었을 거야. 특별히 엄마의 바람을 이루어 드릴 생각은 아니었지만, 우연찮게 내가 교사가 되었어. 어떤 자리에서 당신 자랑을 늘어놓는 대찬 성품을 가진 분은 아니셨지만, 난 알았어. 나는 엄마의 두 어깨에 힘을 실어 드리는 존재라는 걸. 내 결혼식에 제자들이 단정하게 교복을 입고 와서 축가를 부르는 걸 엄마 친구들이 너무 보기 좋다며 부러워하더라는 말, 나는 교사이니까 어느 자리에서나 말 조심하고 몸가짐을 바르게 해야 한다는 말. 지나가듯 맴돌던 엄마의 말 속에 꼭꼭 차들어 있는 교사에 대한 무한한 경외심을 알아차리곤 했지.

우리 아빠는 교사였던 아버지(나의 할아버지) 아래에서 어렸을 때부터 엄한 가정교육을 받으며 자라셨대. 초등학교 때는 할아버지가 전근 가시는 곳마다 따라 전학을 가야 했대. 일찍 출근하시던 할아버지의 점심 도시락을 들고 가야 해서였다나. 그래서 한 학교를 오래 다니지 못해서 초등학교 친구가 없고, 친구 사귀기에 마냥 수줍고 숫기 없던 아이였대. '선생님의 아들'이라는 꼬리표 때문에 실수를 하면 남들보다 두 배로 혼나고, 혹여나 두 배로 잘해도 칭찬에는 인색한 분위기에서 자신을 다잡으며 자라셨다는구나. 그 말씀을 하시는 아빠의 마음에는 서운함도 있지만 교사였던 나의 아버지에 대한 자부심이 담겨 있었어. 비록 아빠가 중학생일 때 돌아가셔서 나는 할아버지를 뵌 적 없지만, 교사가 된 뒤에 문득문득 할아버지가 먼저 가신 길을 밟고 있음이 자랑스러웠던 기억이 있어.

학교를 나와 교사를 그만두기로 했다는 사실보다, 그 사실을 부모님께 말씀드려야 한다는 것이 마음을 더 무겁게 했다면 믿겠니. 소중한 자리를 스스로 박차고 나온다는 나의 결정을 부모님이 지지해 주실까, 이해해 주실까 고민이 많았어. 너무 놀라실 수도 있으니 적절한 때를 고르고 안정적인 장소를 섭외했지. 남편과 리허설도 해보고, 엄마와 아빠의 예상 반응을 상상하며 적절한 대응을 설계했지. 학교에 말씀드릴 때보다 한편으로는 마음이 무거웠어.

"엄마, 아빠. 저 교사를 그만두려 해요."

다행히 내가 걱정한 것보다는 크게 놀라진 않으셨어. 어쩌면 그동안의 크고 작은 일들로 조금 예상하셨는지도 모르겠고. 무엇보다 일을 하다 망가진 건강을 복구하기 위해 꽤 오래 병원 신세를 지고 병가까지 내며 무척 고생했던 모습을 안타까워하셨기 때문에 빠르게 이해하셨어. 앞으로의 삶의 방향과 해보고 싶었던 일에 대해 상세히 이야기하진 않았지만, 엄마와 아빠는 이렇게 물어보시는 것으로 이야기를 마무리하셨어.

"지이야, 우리에게 말하기 전까지 네가 충분히 생각하고 고민한 것일 테니, 우리는 너를 믿는단다."

그때 그 순간의 마음은 어떠셨을지 모르지만, 퇴사에 대해 이야기를 나눈 이후로는 내가 교사를 그만뒀다는 사실에 대해 더 이상 어떠한 이야기도 하지 않으셨어. 그저 학교 밖에서 새롭게 꾸려 나가는 나의 하루와 일상에 대해 궁금해하셨고, 내가 새로이 관심을 두는 것들과 글로 쓰고 싶은 것들에 대해 따뜻한 말을 얹으셨지. 다만 여전히 연을 이어 가며 만나고 있는 제자들과의 일화에 대해 이야기하면 내가 학생들을 참 좋아했다며, 나보다 나의 추억에 흠뻑 빠지신 듯 아득한 곳을 바라보는 표정을 짓곤 하셨어.

얼마 전부터 세간을 들썩이게 한 뉴스의 중심에 학교와 교사가 서 있는 일이 많아졌어. 전국 각지의 학교에서 벌어지는 일은 비슷한 듯 다른 양상으로 전개되곤 했어. 교실에서 교사를 폭행한 학생에 대한 뉴스, 교사에게 모욕적인 폭언을 하고 퇴근 후에도 감시하는 듯 메시지를 보내던 학부모에 대한 뉴스, 그리고 교육공동체의 구성원의 어떤 행동에 의해 스스로 생을 포기한 교사들에 대한 뉴스. 맞아, 우리도 눈물 가득 고인 눈을 맞추고 이야기 나누기도 했던 S 초등학교 선생님의 이야기야. 벌써 1주기가 지났구나. 그 후로도 동료들의 죽음으로 이야기가 거칠고 폭력적으로 마무리되는 일이 늘어났어. 뜨거운 여름 검은 상복을 입고 열기 가득한 광장에 모여 앉았던 산 자들의 모습이 아스팔트가 뿜어 대는 열기에 연신 일렁였어. 마치 제 몸을 태워 불구덩이로 뛰어들어도 상관없다는 듯, 죽은 자의 아픔에 조금이라도 닿아 보려는 결의가 보였어.

어느 날. 엄마가 이런 말을 하셨어.

"지이야, 네가 학교를 그만두어 다행이다."

나의 동료들이, 당신이 경외하는 교사들이 바스러지는 모습을 보시는 게 무척 힘드셨나 봐. 마음이 너무 아파. 내가 교사였던 시간은 우리 부모님의 자랑이었는데, 만약 내가 지금까지 교사를 하고 있었다면 난 부모님의 자랑이 아니라 걱정이 되었을까. 수많은 교사들의 부모님들은 예전과 달리 가슴앓이하시며 상상해 본 적 없는 일들을 떠올리고 계실까.

누군가 생의 불빛이 약해져 밝기를 잃어 갈 때, 곁을 지키고 서서 제 몸을 태워 밝은 빛을 더해 주는 동료분들의 단단함을 느껴 가며 버틴 날들이 있었어. 10여 년 전 제주도로 수학여행을 떠났다가 금요일에 돌아오지 못했던 아이들. 세월호 참사가 있던 그해부터 몇 년간 우리 학교의 아이들도 제주도로 수학여행을 가지 못했어. 퇴사하기 전까지 내 업무 컴퓨터 모니터의 바탕화면은 아이들의 이름이 담긴 한 반의 단체사진이었어. 몇 달간 황망함이 가슴을 채울 때면 멍하니 사진을 보며 아이들의 이름을 낮고 작은 목소리로 부르곤 했지. 돌아오지 못하게 된 아이들을 제대로 보내 주지조차 못한 못난 어른들의 세상에서 할 수 있는 일이라곤 광장에 나서는 거였지. 그곳에서 낯선 이들과 몸을 맞대고 서로의 온기에 기대 버틴 겨울에 외친 말이 생각나. "어둠은 빛을 이길 수 없다."

교육공동체라는 테두리를 이루는 집단은 학생, 학부모, 그리고 교원이야. 다 함께 공동의 목표를 이루기 위해 만난 사람들이므로 서로 존경과 존중을 기초로 한 긴밀한 협력이 필요하지. 당연히 상호 이루어져야 하는 거잖아. 이렇게 우리 공동체의 소중한 일원을 또 잃을 순 없어. 내가 지나온 길이, 우리가 지나가야 할 길이 발길 닿는 곳마다 폐허처럼 보이면 안 되잖아. 외딴섬의 등대처럼 늘 자리를 지키고선 빛을 내고 계신 교사들에게 영원히 부서지지 않을 단단한 지지와 연대를 보내. 작지만 밝은 빛으로 어둠을 가르는 등대가 되어 가고 있는 너에게도.

05   오늘은 '언니'라고 해줘

바야흐로 선생님 전성시대야. 많은 사람들이 선생님
이라는 호칭을 애용하는 사회가 된 것 같아. 예전에는 연
세가 지긋하신 어르신을 향해 썼던 것 같은데, 이젠 성인
이라면 누구에게나 붙일 수 있는 것으로 분위기가 바뀐
것 같아. 물론 너나 나의 연령대가 들으면 좀 쑥스럽지만,
지칭한 사람이 왜 그랬는지 이해가 가긴 해. 상대를 존중
한 상태에서 최선의 예의를 갖추고 있음을 밝히고 싶은
마음에서겠지. 다행히 선생님이란 말이 교양 있고 예의 바
른 의도의 대표 단어로 쓰이는 것 같아.

얼마 전 자동차 번호판을 교체하는 것 때문에 오랜만
에 관공서에 갈 일이 있었어. 창구에서 민원 업무를 하는

공무원이 내게 날인한 서류를 건네며 말했어.

"선생님, 여기서는 다 끝나셨고요, 이제 이 서류 가지고 아래층으로 가시면 됩니다."

드디어 나도 호칭을 들을 나이로 보이게 된 걸까 싶었어. 나름 색다른 경험이라 문득 공무원인 친구를 만났을 때 이 에피소드를 말했어. 친구의 말에 의하면 우리나라 말에는 예의를 갖춘 적당한 호칭이 없어서 대부분의 민원인을 선생님으로 칭한다 하더라고. 처음엔 어색하지만 나름 마법의 호칭이라 어떨 땐 잔뜩 화가 난 민원인도 "선생님, 고정하세요"라는 말을 들으면 화를 누그러뜨리기도 한다더라.

그런데 또 얼마 전 나 역시 급할 때 나도 모르게 선생님을 찾은 적이 있어. 종종 가는 동네의 대형 할인 매장을 갔을 때야. 거긴 언제 가도 주차장이 혼란스러워서 주차하기가 여간 어렵지 않은 곳이었지. 주차장 입구에 들어선 뒤 해당 층을 한 바퀴 돌아 주차를 하고, 자리가 없으면 다음 층으로 올라가고, 없으면 또 다음 층으로 올라가는 구조였어. 운이 없거나 몰리는 시간대에 가면 주차를 하려는 차와 나오는 차가 엉켜서 10분이고, 20분이고 기다려야 할 때도 있었어. 그걸 알기에 어느 정도 마음을 비우고 앞차를 따라 천천히 가고 있었어. 그런데 내가 지나치기 직전 주차된 차량에 반짝하고 전조등이 들어오더라고. 그건 시동을 켜고 이제 출발한다는 신호일 수도 있잖아. 그래서 잽싸게 창문을 열고 크게 외쳤어.

"선생님! 지금 나가시는 건가요?"

그분께서는 목소리로 전달이 안 될 걸 아셨는지, 과장된 동작으로 고개를 크게 끄덕이며 창문 밖으로 손을 뻗어 손가락으로 오케이 사인을 날려 주셨어. 덕분에 비상등을 켜고 차량을 보낸 뒤 그 자리에 바로 주차할 수 있었어. 그때만큼은 참 고마운 선생님이었지.

선생님. 꿈으로 간직해 온 그 이름으로 불리게 된 소중한 순간들을 넌 얼마나 기억하니. 난 특별한 기억이 있어. 한 학교에서였어. 날 보면 늘 "홍 선생~"이라고 불러 주시는 선생님이 계셨어. 내 아버지 연배가 돼보이시는 까마득한 선배 선생님이셨는데, 이렇게 훌륭한 분이 날 선생님으로 불러 주시다니. 그리고 요즘도 그렇지만 그때도 선생님들끼리 대화할 때도 '샘'이나 '쌤'으로 줄여 부르는 경우가 대부분이었어. 그게 친밀감의 표현이기도 했거든. 그런데 '홍 선생'이라는 호칭을 들으면, 귀가 쫑긋하고 선 채 어깨에 힘이 들어가고 이내 정신이 맑아졌어. 뭔가 많은 이들의 헌신과 노력이 묻은 가문의 이름을 물려받은 자가 된 기분이랄까. 많은 이가 함께 사용하는 이름 앞에 멋진 수식어를 붙이지 못할 거라면 최소 먹칠은 하지 말자는 마음을 품었지. '쌤'에 비해 다소 고전적으로 들렸던 호칭이라, 때때로 학교가 배경인 청춘 드라마에서 건강한 교육관을 실현하기 위해 방방거리는 열혈 주인공이 된 것 같은 기분도 몰래 품어 보기도 하고.

같은 학교에서 만난 또래 교사들과는 친구처럼 가까워지기도 하잖아. 유독 마음이 맞는 동교들과는 학교 안에서도 만나면 반갑다고 쩍쩍거렸지만 워낙 바쁘고 여유가 없으니 후다닥 각자 일자리로 돌아갔지. 그게 또 못내 아쉬워서 방과 후나 방학 때 시간을 맞춰 만나서는 급식엔 없는 메뉴를 파는 식당을 찾아 함께 밥을 먹고, 당 떨어질 시기를 대비해 이가 썩도록 단 디저트가 있는 카페를 찾아다녔어. 방학 때는 핫플레이스도 가고 새로운 동네도 개척했지만, 퇴근하고 집에 가기도 바쁜 학기 중에는 주로 학교 근처에서 만나곤 했어. 그럴 땐 모두 감시탑이 돼서 시야 안에 들어오는 주위를 돌아보며 면밀히 살피곤 했어. 생각보다 교사의 얼굴을 알아보는 사람들이 있거든. 우리는 그들을 몰라도 교사인 우리를 알아보는 분들. 가장 많은 건 학부모(그런데 우리 반이 아닌), 학생(그런데 내 수업을 듣지 않아서 나는 모르는), 학교 주변 상인, 교육 지원청 공무원, 이웃 학교 동료 교사 등등등.

교사가 된 초반에 방학 때 시간을 맞춰 친해진 동료 두어 명 만나 밥을 먹고 카페에 모여 앉아서 수다를 떨고 있었어. 이런저런 이야기를 하다 순간 너무 웃긴 이야기를 해서 다 함께 웃는 순간이 있었지. 누군가 작지 않은 목소리로 말했어.

"아, 쌤. 진짜 웃긴다. 나 학교에서는 쌤, 이런 사람인 줄 몰랐는데!"

그 순간, 우리 주변의 테이블에 앉은 사람들의 시선이 우리를 쫓아와 머무는 게 느껴졌어. 찰나의 묘한 기분. 문득 내가 오늘 어떤 옷을 입었는지, 혹시 이 카페에 앉아서 했던 말 중에 예의 없는 표현이 있었던 건 아닐지, 비속어를 쓰진 않았는지 빠르게 복기하게 되더라. 평범한 20대 여성이었던 우리가 학교 선생님을 대표하게 되는 순간은 생각지 않았던 타이밍에 오더라.

전셋집을 얻을 때에도 공인중개사, 집주인과 명함을 주고받았는데 내 명함을 보더니 선생님이시냐며 유독 반가워하시더라. 그러면서 하시는 말.

"아무래도 선생님이시니까 집도 잘 관리하고 깨끗하게 쓰실 것 같아 다행이에요."

그렇게 봐주셔서 너무 감사했지만, 교사 개인을 바라

보는 시선에 얹힌 개개인의 기댓값이 생각보다 크다는 걸 점점 알게 되었어. 모름지기 교사라면, 교사니까, 교사이므로, 교사이기 때문에.

물론 이 모든 에피소드는 나의 개인적 경험에 의한 것이기 때문에 일반화할 수는 없지. 예민한 나의 기분에서 비롯된 것일 수도 있고. 그런데 나도 공공장소에서 의도치 않게 들리는 대화로 주변에 있던 사람이 교사임을 알게 되면, 나 역시 그를 찬찬히 살피게 되긴 하더라. 같은 일을 하는 동료라서 반갑고 신기한 마음에 그런 것도 있겠지만, 시간과 장소의 구애를 받지 않고 사회 구성원의 의식에 자리한 '응당 교사라면 가져야 하는 일관적 태도'에 대한 잣대를 나 역시 품고 있는 거 아닐까 싶었어. 심지어 연차가 조금 쌓이니 이럴 때도 종종 있었어. 누군가의 말을 통해 알게 된 게 아니라 '아, 저들은 교사다'라는 느낌이 오는 무리를 발견할 때. 화려하진 않지만 말쑥하게 차려입은 데다 머리 스타일이 단정하고 얌전하고 조용히 행동하는 동성, 동년배 서너 명의 무리. 이 역시 아닐 수도 있어. 다만, 전문직이라 미루어 짐작할 수 있는 복장인데 시간은 평일 낮이고 장소는 시내야. 그런데 여름 혹은 겨울 방학 시즌. 이런 정황도 교사임을 유추할 수 있는 근거가 되기도 해.

동료들과 우스갯소리로 '교사스럽다' 혹은 '선생스럽다'라는 말을 하곤 했어. 누가 봐도 이건 '교장픽'이야, 라고 할 만큼 단정하고 정갈하게 옷을 잘 입는 동료가 있었어. 그의 취향이 그런 것일 수도 있는데, 옷차림이나 머리 스타일로 '교사스럽지 않음'으로 인해 몇 번 지적을 받은 적 있는 나로서는 부럽기도 했어. 그를 보면 '나도 알려 줘 그 쇼핑몰!', 이러면서 볼멘소리를 하기도 했지. '교사닷컴'이라는 쇼핑몰이 있을 거라고. 옆구르기를 하면서 봐도, 100m 떨어진 곳에서 봐도 교사처럼 보이고 싶었던 시절도 있었네.

이젠 오랜 꿈의 이름인 '선생님'을 반납하고 학교 바깥으로 나왔지만, 그럼에도 졸업을 한 아이들은 여전히 날 만나면 '쌤'이라고 불러. 아이들이야 그럴 수밖에 없겠지만, 난 '자 따라해 봐. 언니'라 말하며 임시로라도 호칭을 바꿔 달라 부탁하곤 해. 아무리 이제는 '대 선생님의 시대'가 되었음을 천명했지만, 사실 아직도 외부에서 '선생님'이나 '쌤'으로 불리면 잠시 머물다 사라지는 시선을 느끼거든. 그러니, 바깥에서 만나면 '언니'라고 불러 다오. (이모도, 고모도 좋아.)

06 한참 늦은 고백

"난 학교가 좋아"라고 말하면 대부분 놀라서 "정말?"이라고 되묻곤 해. 난 정말 언제나 좋았어. 태어나서 한 번도 "학교 가기 싫어"라는 말을 해본 적이 없는 듯해.

초등학교 때는 정말 학교 가는 게 너무 좋았어. 사실 학원도 제법 다양하게 다녔지만, 그 나이 때에는 학교 가는 것 외엔 그다지 스케줄이 없었잖아. 삶의 기준이 학교에 맞춰져 있었기에, 오히려 지금보다 단순해서 행복했던 것 같아. 그리고 무엇보다 학교에 가면 언제나 친구들이 있잖아. 친구들과 하루 종일 붙어서 뭐든 같이 할 수 있다니. 매일 놀이터에서 살고 모래밭에서 뒹구느라 바짓단과 주머니에 모래가 들어 있어서 엄마에게 꾸지람 듣던 초등학생 지이에겐 최고의 환경이었지. 40분 정도 수업 듣는 건 사이사이 10분의 쉬는 시간이 있기에 그렇게 고되지 않았어. 초등학교 때는 수업시간에 배우고 활동하는 것마저 놀이 같아서 재밌기도 했고. 초등학생의 10분은 정말 길고 알차단다. 쉬는 시간마다 운동장까지 내려가 놀다 올 수 있고, 점심시간엔 통으로 놀 수 있고, 등하굣길에도 친구랑 팔장 끼고 희희덕거리며 장난칠 수 있고 말이야.

중학교에 가서는 사뭇 달라진 환경에 조금 위축되었지만, 한 달 정도 지나니 다시 학교의 리듬에 흠뻑 빠졌었어. 이때는 못 믿겠지만 수업 시간에 배우는 게 좋았어. 처음으로 학문에 근접한 교과 수업을 듣게 되니 학교에서 배우는 교과 내용이 정말 흥미롭고 즐거웠지. 좋아하는 책이 생기고 탐독하는 작가, 그러니까 나만의 독서의 취향이 조성되었던 시기이기도 한데, 초등학교 때보다 더 크고 넓어진 학교 도서관을 들르며 다양한 주제의 책을 읽게 돼서 행복에 겨운 날이었어. 운 좋게 주변에 성실하고 진지한 친구들을 두게 되어서 함께 경쟁하듯 도우며 즐겁게 보냈어. 이때 잠시 집안 사정이 어려워져서 한숨이 늘어 가는 부모님과 고등학생 언니, 초등학생 동생 사이에서 모두의 눈치를 보느라 사춘기도 온 지도 모른 채 지나 보내기도 했어. 미처 모나고 까칠할 틈이 없어서 그랬나 봐.

고등학교 시절. 1학년은 내 인생의 황금기라 말할 만큼 가장 찬란한 시기를 보냈고, 2학년은 마음 잡고 공부하던 시기, 3학년 때는 1학기 때 덜컥 원하던 대학에 합격해서(학생부 종합전형과 유사한 수시라는 전형이 있었어) 고등학생 신분은 유지한 채 조금 자유롭게 시간을 보낼 수 있게 돼서 딱히 학교를 미워할 마음을 품지 못했어. 물론 대입을 목표로 둔 인문계 고등학교인지라 이전과는 다른 경직된 분위기에 지쳐 종종 엇나갈 결심도 해봤어. 엄격한 규칙으로 통솔되는 단체 생활에서 자행되는 폭력적인 질서유지 방식에 휩쓸려 상처도 입고, 맨몸으로 부딪혀서 다쳐도 보고, 분하고 속상해서 울기도 했었고. 하지만 내 인생의 멘토인 담임선생님을 만난 시기였고, 0교시와 야간자율학습을 통과한 세대라 매일 해와 달이 뜨고 지는 걸 함께 볼 만큼 가족보다 더 많이 보고 지낸 친구들과 앞으로의 삶에선 갖지 못할지도 모를 끈적하고 깊은 우정을 나누기도 했지.

나 정도로 학교를 좋아해야 교사를 꿈꾸고 교사가 될 수 있는 걸까. 친구들 중에는 비사범계 대학에 진학해 대부분의 친구들이 밟는 취업 코스를 이탈해 어렵게 교직이수 자격을 얻을 때도, 결국 내가 교사가 된다고 했을 때도, "학교로 다시 돌아갈 생각을 하다니. 대단하다"라는 감상을 보인 애들도 많았어. 불편한 교복도, 학교 교칙도, 가끔 만난 폭력적이고 유치한 타인들 역시 내게도 찾아오는 시련이었지만, 난 학교를 미워할 마음을 갖지 못했어. 오히려 학교가 더 크고 빛나고 강해지길 바랐어.

요즘에도 생각해. 학교가 힘이 셌으면 좋겠다고. 난 학교 혹은 교육이 어쩌면 우리 사회에 산재한 모든 문제 해결의 실마리이자 첫 단추가 되지 않을까 생각하곤 했어. 학교 만능설? 교육 만능설? 태초에 학교가 있었다? 글쎄, 그렇지만 이 생각은 무슨 일이 일어날 때마다 "그러니까 학교가 문제다. 혹은 대한민국 교육이 잘못되었다" 같은 뉘앙스는 절대 아냐. "그러니까 학교가 해야 한다. 교육으로 풀어야 한다"인 거야. 사회가 구성원의 상식을 벗어난 사건과 맞닥뜨렸을 때, 현명하게 대처하기 위한 후속 조치를 논의하려면 교육기관으로서 학교의 역할의 부각되었으면 좋겠어. 최후의 보루이자 안전지대로서의 학교.

학교 마니아, 학교 짱팬의 생각이었어. 한 번도 아이돌의 서포터가 되거나 팬클럽에 가입해 본 적이 없지만, 학교에 대한 팬심만큼은 차고 넘쳐. 그래. 난, 학교가 세상의 중심이 되면 좋겠어. 모두 다 학교를 최애로 여기고 사랑하고 아껴 주면 좋겠어. 물론 교육 제도와 방식 등 대한민국 교육의 문제점을 외면하면 안 돼. 학교와 교육의 문제에 대해 말하자면 밤을 새도 모자라. 무비판적 수용은 사랑이 될 수 없어. 당연히 사랑이란 옳은 곳으로 임해야지. 그러니 꾸준히, 끈질기게 유의미한 해결 방안을 모색해 올바른 방향을 잡아야 해.

오늘은 그저 사랑에 대해 말하고 싶었어. 오랫동안, 늘 품었던 마음이고, 앞으로도 지금처럼 영원히 그럴 거야. 난 학교가 너무 좋아.

에필로그

받는 사람: 끝까지 걸어가는 우리들에게

10여 년간 지속한 교사로서의 삶에 크고 진한 마침표를 찍은 지 몇 해가 지났다. 가끔 떠올려 보는 마지막 퇴근길. 마치 학생 시절 조퇴를 할 때처럼, 한창 수업 중인 교사의 목소리를 등지고 낯선 시간에 혼자 교문을 나설 때의 희열을 느꼈다. 무척 홀가분할 줄만 알았는데, 얼마 지나지 않아 마치 끝내지 못한 외사랑의 끝자락을 잡고 미련의 축제를 벌이는 이처럼 시큼털털한 마음이 되었다.

학교를 나온 뒤에야, 바깥사람이 되어서야 진짜 우리 학교를 마주했다. 여전히 현장을 지키고 있는 동료들은 만나는 자리에서, 때론 메신저로, 자신의 비공개 SNS 계정에, 비명에 가까운 신음을 앓혀 두었다. 시리고 아픈 말 속에 담긴 그들의 고민은 얼핏 새것 같아 보여도 자세히 보면 낡고 오래되었기에 내게도 낯설지 않았다. 잊을 만하면 뉴스를 채우는 학교, 학생, 교사, 교육에 대한 헤드라인을 볼 때면 늘 '모두 병들었지만 아무도 아프지 않았다'라는 이성복 시인의 시 '그날'의 한 구절이 떠올랐다.

마음속의 이야기가 흘러넘쳐 이 책이 된 것은, 훌쩍 자란 제자들이 짐짓 어른스러운 얼굴을 하고 나타나 불쑥 내민 명함을 받기 시작하면서부터였다. 하나, 둘 학교 밖에서 자신만의 세상을 만들어 가고 있는 아이들. 우리는 학교에서 교사와 학생으로 만났지만 그들은 졸업을 했고, 나는 퇴직 교사가 되고 나니 우리에게는 은사와 제자보다는, '오랜 벗'이라는 더 근사한 이름이 어울려 보였다.

이미 충분히 촘촘한 사회에서 어렵게 틈을 만들어 비집고 들어가 자신의 자리를 만들려 애쓰는 나의 어린 벗들. 처음에는 나와 같이 교사가 되어 더욱 인연이 깊어진 한 제자와의 대화에서 시작했지만, 물꼬를 튼 우리의 대화는 더 큰 세상과 만나 더 넉넉한 이야기를 만들어 냈다.

어느덧 이 책에 담긴 편지를 받는 이는 프롤로그에 소개한 제자 하나가 아니게 되었다. 교사를 하며 만났던 다양한 학생들과의 이야기가 담겼고, 잠시 잊었던 소중한 제자들과의 기억을 소환해 냈다. 그리고 실제 만난 적은 없지만 세상에 수없이 존재하는 어린 벗들도 수신자로 정했다. 혹시나 응원과 위로가 필요한 순간이 필요하다면, 이 편지가 닿을 수 있기를 바라는 간절함을 담아.

손글씨로 편지를 써서 지인들과 주고받기를 좋아하던 아이는 어른이 되어서도 마음이 어지러울 때면 종이를 지치는 연필 끝에서 나는 서걱서걱 소리에 귀 기울이며 마음을 가다듬었다. 처음은 도움이 되길 바라는 막연한 마음을 종이에 앉혔지만, 쓰다 보니 결국 나와 우리를 모두 보듬으며 함께 성장하는 이야기가 되었다. 쓰다 보니 비단 교육 현장뿐 아니라 오늘도 각자의 자리에서 비릿한 성장통을 겪고 있는 모든 어른이(어른+어린이)들과 함께 위로를 나눌 수 있는 글이 되면 좋겠다는 희망도 슬쩍 담았다.

발이 더 무거워졌다. 그만두고 싶다고 생각했을 때.

너는 무서워하면서 끝까지 걸어가는 사람.

친구가 했던 말이 기억났다.

이 책을 품었던 동안 시인 안미옥의 시 '생일 편지'의
이 구절을 자주 떠올렸다.

비록 건조하고 푸석한 일터일지라도 본래 우리 모두
가 지닌 반짝임을 유지할 수 있도록, 윤기 나는 사람으로
남을 수 있도록 물기 가득한 응원을 깊게 새겨 넣은 글이
되기를 바라며.

감사의 글

곁을 지켜 주셨던 선생님들 덕에 지나온 모든 학교를 소중히 여기고 사랑할 수 있는 사람이 되었습니다. 마지막 학교를 나오며 동료들께 고개 숙여 인사드린 날, "우리 학교를 영원히 사랑하겠습니다"라는 말 속에 투명한 진심을 담을 수 있어서 행복했습니다.

삶에서 가장 찬란한 추억을 잔뜩 안겨 주셨던 고1 담임선생님, 확신이 없던 저를 마침내 교사의 길로 이끌어 주셨던 정 선생님, 초임 시절 든든한 대나무숲이 되어 주셨던 보건 선생님, 겉돌던 초보 교사에게 수많은 기회와 가르침을 던져 주시며 이끌어 주셨던 김 선생님, 투덜이 스머프 같은 동생을 보듬고 다독여 주신 독서 모임의 언니 선생님들, 마지막 퇴근일 교문까지 배웅해 줬던 다정한 동료들. 점이 되어 사라질 때까지 끝까지 흔들어 주던 그들의 힘찬 손인사를 떠올리며, 학교 밖 넓은 세상 그 어디서나 당당하게 걷고 있습니다.

글에 담은 이야기 중 속상하고 슬프게 했던 일과 관련된 사람들에게도 그때만큼은 어쩔 수 없는 사정이 있었음을 이제는 헤아립니다. 교육의 최전선을 지키고 있는 모든 동료, 선후배 선생님께 진심으로 존경의 마음을 보냅니다. 감사합니다.

귀를 기울여야 들리는 이 낮은 목소리가 차분한 글로 종이에 앉을 수 있도록 도움을 주신 대표님, 정갈한 글로 만들어 주신 편집장님, 독자와 눈을 맞출 수 있도록 도움 주신 북디자이너님께 감사합니다.

늘 가까운 곳에서 좋은 어른이 되어 주시는 나의 부모님, 웃고 싶을 때와 울고 싶을 때 모두 가장 먼저 떠오르는 언니와 남동생, 허물어진 문장 더미에 갇힐 때마다 구원의 손길을 보내 주는 첫 번째 독자, 남편 윤에게도 감사함을 보냅니다. 끄적임에 불과하던 난해한 초고를 꼭꼭 씹어 읽고, 진심 어린 조언을 해준 지인들에게도 감사를 표합니다.

나의 제자는 어느덧 울음을 터뜨리기보다 골똘히 생각한 후 자신의 마음을 말할 수 있게 되었습니다. 잔소리에 타박을 섞어도 헤헤 웃으며 넘길 줄도 알게 되었습니다. 제자는 해마다 교사로서 이루고 싶은 꿈을 이야기합니다. 소박하지만 투명하고 맑은 그 꿈을 들여다보며 이내 함께 벅차집니다. 그 말을 하는 어린 벗의 입매에 가느다란 행복이 매달려 있는 걸 보고 따라 웃습니다.

소중한 나의 벗이 올해는 학교에서 이루고 싶은 그 꿈을 꼭 이룰 수 있기를, 간절히 바랍니다.

여기 다 큰 교사가 울고 있어요

선생님이 된 제자에게 보내는 편지

글 홍지이
발행일 2025년 5월 15일 초판 1쇄

발행처 다반
발행인 노승현
출판등록 제2011-08호(2011년 1월 20일)
주소 서울특별시 마포구 양화로81 H스퀘어 320호
전화 02-868-4979 **팩스** 02-868-4978

이메일 davanbook@naver.com
인스타그램 @davanbook

ISBN 979-11-94267-27-0 03370